Pour grands-parents seulement !

Catalogage avant publication de Bibliothèque et Archives nationales du Québec et Bibliothèque et Archives Canada

Parent, Nathalie

Pour grands-parents seulement!
(Collection Psychologie)
ISBN 978-2-7640-1313-7

1. Rôle grand-parental. 2. Grands-parents et enfants. 3. Grands-parents. I. Titre. II. Collection: Collection Psychologie (Éditions Quebecor).

HQ759.9.P37 2010 306.874'5 C2009-942512-2

Une compagnie de Quebecor Media
7, chemin Bates
Montréal (Québec) Canada
H2V 4V7

Dépôt légal: 2010
Bibliothèque et Archives nationales du Québec

Pour en savoir davantage sur nos publications, visitez notre site: www.quebecoreditions.com

---

Éditeur: Jacques Simard
Conception de la couverture: Bernard Langlois
Illustration de la couverture: Masterfile
Conception graphique: Sandra Laforest
Infographie: Claude Bergeron

Imprimé au Canada

Gouvernement du Québec – Programme de crédit d'impôt pour l'édition de livres – Gestion SODEC.

L'Éditeur bénéficie du soutien de la Société de développement des entreprises culturelles du Québec pour son programme d'édition.

Nous reconnaissons l'aide financière du gouvernement du Canada par l'entremise du Programme d'aide au développement de l'industrie de l'édition (PADIÉ) pour nos activités d'édition.

DISTRIBUTEURS EXCLUSIFS:

- Pour le Canada et les États-Unis:
  MESSAGERIES ADP*
  2315, rue de la Province
  Longueuil, Québec J4G 1G4
  Tél.: (450) 640-1237
  Télécopieur: (450) 674-6237
  * une division du Groupe Sogides inc., filiale du Groupe Livre Quebecor Média inc.

- Pour la France et les autres pays:
  INTERFORUM editis
  Immeuble Paryseine, 3, Allée de la Seine
  94854 Ivry CEDEX
  Tél.: 33 (0) 4 49 59 11 56/91
  Télécopieur: 33 (0) 1 49 59 11 33

  Service commande France Métropolitaine
  Tél.: 33 (0) 2 38 32 71 00
  Télécopieur: 33 (0) 2 38 32 71 28
  Internet: www.interforum.fr

  Service commandes Export – DOM-TOM
  Télécopieur: 33 (0) 2 38 32 78 86
  Internet: www.interforum.fr
  Courriel: cdes-export@interforum.fr

- Pour la Suisse:
  INTERFORUM editis SUISSE
  Case postale 69 – CH 1701 Fribourg – Suisse
  Tél.: 41 (0) 26 460 80 60
  Télécopieur: 41 (0) 26 460 80 68
  Internet: www.interforumsuisse.ch
  Courriel: office@interforumsuisse.ch

  Distributeur: OLF S.A.
  ZI. 3, Corminboeuf
  Case postale 1061 – CH 1701 Fribourg – Suisse

  Commandes: Tél.: 41 (0) 26 467 53 33
  Télécopieur: 41 (0) 26 467 54 66
  Internet: www.olf.ch
  Courriel: information@olf.ch

- Pour la Belgique et le Luxembourg:
  INTERFORUM BENELUX S.A.
  Fond Jean-Pâques, 6
  B-1348 Louvain-La-Neuve
  Tél.: 00 32 10 42 03 20
  Télécopieur: 00 32 10 41 20 24

Nathalie Parent
psychologue

Pour grands-parents seulement !

Aimer nos petits-enfants : un art à découvrir

LES ÉDITIONS
Quebecor
Une compagnie de Quebecor Media

Introduction

Pourquoi ce livre ? Probablement en continuité au premier qui s'adressait aux parents, mais surtout pour rendre hommage à ceux qui les ont précédés car, sans eux, ils n'existeraient pas ! À l'image d'un arbre, sans ses racines. Je crois également que j'avais le goût de me replonger dans mes souvenirs, dans ce qu'il y a de plus profond en nous : nos racines. J'ai tellement pris plaisir d'abord dans mon enfance à m'asseoir sur le bord du lit de ma grand-mère maternelle, en faisant « attention à ne pas faire de plis ! », et à l'écouter pendant de longs moments se raconter. Je me souviens également de ma grand-mère paternelle à qui nous, petits-enfants et arrière-petits-enfants, demandions : « Raconte-nous encore la fois où... » Il y a cet autre couple, grand-oncle Paul et grand-tante Jeanne-d'Arc, qui venait nous rendre visite et qui m'apportait chaque fois un petit présent, me donnant ainsi le sentiment d'être importante à leurs yeux. Dans ces mêmes années, autour de huit ans, j'avais mémorisé un texte non obligatoire dans un manuel scolaire, et sur lequel j'avais inventé un air dans ma tête. Je me rappelle très bien ces quelques lignes que je fredonne en même temps que je les écris :

Le cœur d'une grand-mère est un livre d'images
Plein de fresques d'argent et de tons nébuleux
Où les beaux enfants blonds penchent leur tête sagement
Et contemplent ravis des tableaux fabuleux.

Malheureusement, pour l'auteur de ce texte, mon cerveau d'enfant n'a mémorisé que le contenu affectif, ayant omis le nom du parolier.

Déjà, à ce moment, je ressentais l'importance de mes ancêtres et l'amour inconditionnel qu'ils portent souvent envers leurs descendants. Je n'ai malheureusement pas connu mes grands-pères. Je me suis reprise plus tard dans ma vie professionnelle en travaillant auprès des personnes âgées où je pouvais écouter ces grands-pères raconter leur vie.

Pour moi, ce plaisir est toujours actuel et renouvelé chaque fois que les patients[1], m'offrant leur confiance, me font l'honneur d'être le témoin de leur histoire allant jusqu'à trois générations les précédant. Il en est de même lorsque j'écoute les personnes que je rencontre me parler de leur passé et celui de leurs prédécesseurs, que ce soit mes parents, beaux-parents, tantes, cousins et amis. Pour moi, ça c'est l'essence même de la vie!

Si l'on s'arrête pour y penser, quand on vieillit, de quoi se souvient-on? De notre téléviseur haute performance acheté en telle année? De nos vêtements mode? Du dernier gadget électronique? Ou plutôt du cadeau tant désiré qu'on a finalement reçu après un long moment d'attente? Ou encore du voyage où on a pêché seul avec son père ou fait des châteaux de sable avec sa mère ainsi que ses frères et sœurs? De l'accident d'un membre de sa famille ou du décès d'un autre? Dans les faits, tout ce qui est vécu avec émotion va être mémorisé et emmagasiné dans la mémoire à long terme et accessible à la conscience de la personne. C'est différent dans le cas de traumatisme psychologique où l'émotion est trop forte. Pensez à toutes les fois où vous organisez une foule d'activités pour les

---

1. J'utilise le terme «patient» pour désigner chaque personne que je rencontre en consultation. Ce mot n'est pas péjoratif pour moi puisqu'il représente plutôt des gens qui ont la patience de faire une démarche en psychothérapie.

enfants pour leur faire plaisir et que vous leur demandez ce qu'ils ont le plus aimé; ils vous répondront: «Quand on a joué à cache-cache» ou, avec les plus grands: «Quand on a eu le fou rire dans l'auto.»

C'est pour moi ce que peuventt apporter en grande partie les grands-parents: plaisir, émotion, vécu. Dans ce livre, je proposerai des réponses à partir de mon vécu ayant eu des grands-parents, étant parent avec des enfants qui ont des grands-parents, mais également à partir de mon vécu professionnel à travers lequel j'ai la chance de côtoyer toutes sortes d'histoires personnelles aussi intéressantes les unes que les autres. Je m'appuierai également sur les recherches actuelles et les écrits sur le sujet. Comme je ne suis pas encore arrivée au stade de grand-mère, je prendrai en considération et citerai différents témoignages de grands-parents auxquels j'ai demandé une collaboration et qui ont si gentiment accepté.

Chapitre 1

La famille d'hier à aujourd'hui

Un peu d'histoire

En avril 2008, des chercheurs de l'université d'Umea (Suède) annoncent la découverte d'un épicéa âgé de 9550 ans, le plus vieil arbre existant jusqu'à présent. Tout comme celui-ci, la famille existe depuis fort longtemps, mais sa structure s'est fortement modifiée au cours des années. Au moment où la religion catholique dominait, les gens se mariaient «pour le meilleur et pour le pire», donc «jusqu'à ce que la mort les sépare», ce qui représentait deux parents et plusieurs enfants et petits-enfants. Très souvent, les grands-parents vivaient également avec un des enfants ou l'un d'entre eux demeurait à la maison et continuait le travail des parents tout en ayant sa propre famille. Donc, les grands-parents de cette époque vivaient directement avec quelques-uns de leurs petits-enfants, mais ils avaient tendance à travailler jusqu'à leur mort, ayant une espérance de vie plus courte qu'aujourd'hui.

Au début du XXe siècle, autour de 1921, plusieurs changements, dont la loi sur le travail pour les enfants, l'école obligatoire jusqu'à l'âge de 16 ans ainsi que le mouvement des familles vers les centres urbains, ont contribué à diminuer la taille des familles. Autour de 1930, le Canada a constaté une diminution du taux de fécondité et du nombre de mariages avec une augmentation du nombre de familles monoparentales. Le nombre d'enfants par femme était alors à moins de trois. Puis, lorsque la Deuxième Guerre mondiale fut déclenchée, les familles se retrouvant sans mari, sans père, sans frère ni fils, les femmes durent travailler dans les milieux auparavant réservés aux hommes. Dans l'après-guerre, le Canada a constaté une augmentation du taux de divorce et de remariage expliquée par les mariages hâtifs afin d'éviter aux hommes d'aller à la guerre, ainsi que le remariage de veuves de guerre.

Entre 1946 et 1965, c'est la période du *baby-boom* où les gens en général se marient plus jeunes et ont une plus grande famille (environ 3,9 enfants par femme).

C'est vers les années 1960 que la pilule contraceptive fait son apparition, mais elle ne devient légale qu'en 1969. Ceci explique en partie la diminution du nombre d'enfants; en 1971, le taux est de 2,1 enfants par femme, ce qui représente le dernier moment de notre histoire où nous avons le seuil de remplacement des générations. Dans ces mêmes années, on constate une augmentation du nombre de divorces.

C'est en 1981 que, pour la première fois, les unions libres sont recensées dans les statistiques. Pendant cette décennie, les modifications de la loi sur le divorce entraînent une plus grande accessibilité à celui-ci et, en 1987, le plus haut taux de divorce est enregistré. En 1995, un couple sur dix fait partie des familles reconstituées, définies par un enfant issu d'une relation antérieure.

Par contre, depuis 2001, les changements issus de la loi sur la famille ont probablement contribué à l'augmentation du taux de naissance au Québec, dont une hausse de 7,5 % en 2006. Même s'il est à la hausse depuis 2002, le taux de naissance au Québec n'a pas dépassé celui du *baby-boom* puisque le taux actuel est de 1,65, tout de même supérieur à 1,5 en 2000. L'âge moyen de la maternité chez la femme est de 30 ans comparativement à 27 ans en 1980. Fait à noter par les statistiques : il y a une augmentation du taux de natalité chez les 24 à 28 ans depuis trois ans alors que, depuis plusieurs années, il y avait une diminution chez ce groupe d'âge. Est-ce que ces données signifient que nous en sommes à accorder de l'importance à la famille ? En voyant le grand nombre de publications, d'associations et de regroupements pour les familles, les parents et les grands-parents, on dirait bien que oui. Tôt ou tard, il y aura fort probablement un retour aux « racines ». D'ailleurs, au cours d'une conférence, le docteur Michel Lemay, pédopsychiatre au Centre hospitalier universitaire Sainte-Justine de Montréal, utilisait la belle image de la spirale pour illustrer le retour des modes tout en ayant des acquis de plus. Cela peut s'appliquer tant sur le plan psychologique que sur le plan familial ; il y a un retour aux familles, au fait d'avoir des enfants, mais les acquis antérieurs permettent aux femmes et aux couples de choisir et peut-être de dire non lorsque c'est nécessaire.

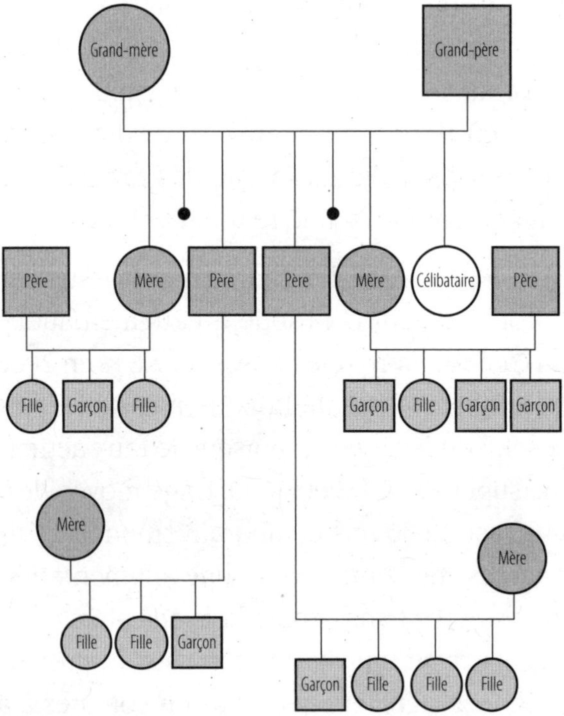

La famille d'hier

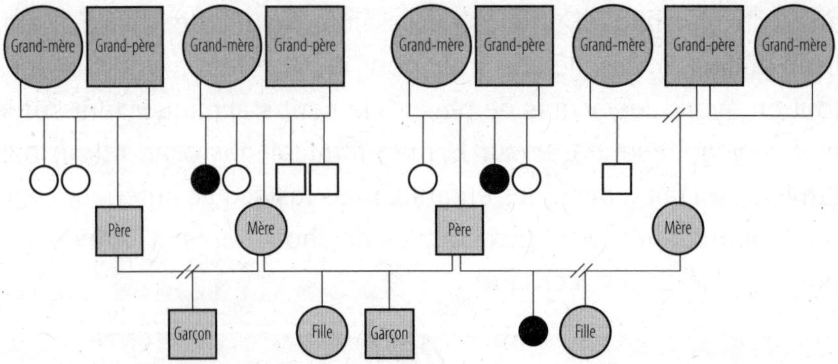

La famille d'aujourd'hui

Quelques statistiques

Selon Statistique Canada, en 1921, les personnes de 65 ans et plus représentaient 5 % de la population générale, comparativement à 10 % en 1981 et à 13 % en 2001. Selon les probabilités, ce taux pourrait atteindre 27 % en 2056. La population des aînés est majoritairement composée de femmes. En 2006, les femmes représentaient 56 % des Canadiens de 65 ans et plus, et 64 % de ceux de 80 ans et plus. Par contre, parmi ces femmes âgées, une plus grande proportion vivait avec un conjoint en 2001 comparativement à 1981. Chez les personnes de 65 à 74 ans par exemple, le pourcentage est passé de 51 % à 54 % de 1981 à 2001. Fait encourageant, l'écart entre l'espérance de vie des hommes et des femmes se rétrécit depuis la fin des années 1970. Au Québec, l'espérance de vie moyenne se situe à 80 ans, est à la hausse et s'accompagne d'une meilleure qualité de vie (meilleure forme physique)[2].

Années	% Mariés	% Familles monoparentales	% Unions libres	Nombre enfant/femme
1931	86,4	13,6	-	– de 3
1941	87,8	12,2	-	
1951	90,1	9,9	-	
1961	91,6	8,4	-	3,9
1971	90,6	9,4	-	2,1
1981	83,1	11,3	5,6	
1991	77,3	14,5	9,8	Environ 1,37
2001	70,5	15,7	13,8	1,5 (2000)
2006	68,6	15,9	15,5	
2008				1,65

2. Statistique Canada et le journal *Le Soleil* du 17 décembre 2008, section « Actualité ».

Malgré tous les changements dans sa structure au cours du siècle dernier, la famille demeure toujours bien vivante au sein de la société canadienne. En 2001, 25,6 millions de personnes vivaient dans un ménage familial, ce qui représente 87 % de l'ensemble de la population vivant dans un ménage privé. Lors du recensement, le nombre de familles s'élevait à environ 8,5 millions comparativement à 5 millions en 1971. Preuve que la famille a toujours sa place dans la société, il existe depuis 1996 une Semaine québécoise des familles qui se déroule durant la semaine du 15 mai, date de la Journée internationale des familles déclarée par l'ONU en 1994[3] ! Durant cette semaine qui se déroule dans toutes les régions du Québec, différents ateliers, activités et conférences sont organisés pour les familles, incluant des rencontres intergénérationnelles.

Pyramide des âges, Québec, 1er juillet 2008

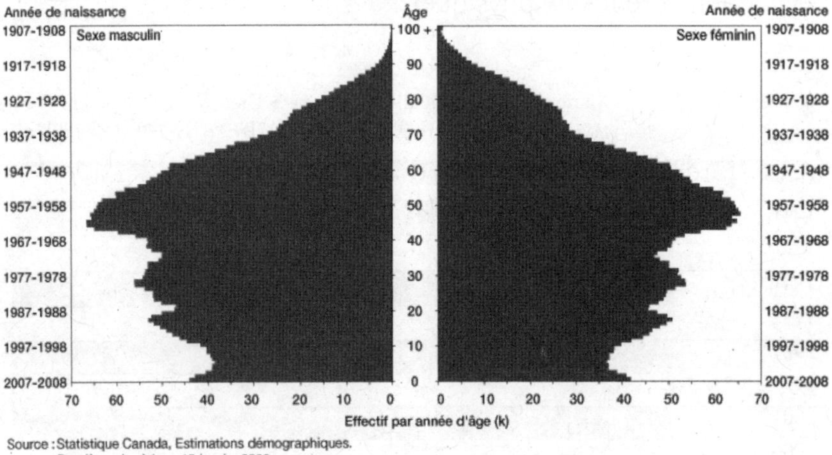

Source : Statistique Canada, Estimations démographiques.
Dernière mise à jour, 15 janvier 2009.

Selon Statistique Canada, en 2019, les personnes âgées surpasseront en nombre les plus jeunes, alors qu'en 2001 il y avait deux fois plus de jeunes que d'aînés. Les années à venir continueront de voir arriver une cohorte particulière de grands-parents : les

3. www.sqf.qc.ca.

baby-boomers, en pleine transition vers cette nouvelle étape, qui le deviendront autour de l'âge de 50 ans. Contrairement à leurs prédécesseurs, ils auront moins de petits-enfants, en moyenne quatre, puisqu'ils auront mis au monde environ deux ou trois enfants. Dans cette génération, 80 % des grands-pères et 60 % des grands-mères auront un conjoint à la naissance de leur premier petit-enfant[4].

Les relations entre grands-parents et petits-enfants se sont modifiées au fil du temps. Les grands-parents ont actuellement plus de possibilités qu'avant, et la hausse de l'espérance de vie permet aux enfants, aux parents, aux grands-parents et même aux arrière-grands-parents de passer plus d'années ensemble. Cette situation en entraîne une autre : les *baby-boomers* se retrouvent un peu coincés en « sandwich » entre s'occuper de leurs propres parents vieillissant tout en prenant encore soin d'enfants qui n'ont toujours pas quitté la maison et consacrer du temps à leurs petits-enfants. Dans un sondage CROP sur la famille, réalisé pour le compte de Radio-Canada à l'automne 2006, seulement 7 % des grands-parents disaient garder « très souvent » leurs petits-enfants ; 43 % les gardaient « rarement ». Par contre, 50 % affirmaient avoir des contacts avec leurs petits-enfants chaque semaine. Ces données vont dans le même sens que celles recueillies par Santé Canada : le tiers des enfants au Canada voient leurs grands-parents une fois par mois ou plus ; 41 % les voient moins d'une fois par mois. Étant donné qu'environ la moitié des grands-parents en Amérique du Nord vivent à une distance d'au moins 350 km de leurs petits-enfants, beaucoup demeurent en contact par téléphone ou par correspondance, soit 13 % une fois par semaine et 22 % une fois par mois. Chez ces nouveaux grands-parents, 84 % disent avoir une vie sociale et être actifs (ils reçoivent, sortent, rencontrent des gens, etc.) et 80 % disent faire partie d'une association ou d'un regroupement.

---

4. www.petitmonde.com.

Au Canada, un nombre croissant d'enfants – environ la moitié des enfants au Québec et le tiers au Canada dans son ensemble – naissent de partenaires en union libre, ce qui signifie qu'une minorité significative de personnes deviennent grands-parents par le biais de relations de cohabitation ou d'union de fait de leurs enfants[5]. Au Canada, moins de 1 % des enfants et adolescents sont élevés par leurs grands-parents (environ 62 000) alors qu'aux États-Unis il s'agit de plus de deux millions de grands-parents qui sont confrontés à cette réalité[6]. L'Armée du Salut a reconnu cette difficulté et offre des camps pour enfants et du soutien à ces grands-parents[7].

Les grands-parents ont de plus en plus de place dans notre société ; ainsi, depuis 1985, le dimanche suivant la fête du Travail a été déclaré, par la Fédération de l'âge d'or du Québec (FADOQ), la Journée des grands-parents. En 1996, le Parlement canadien a reconnu officiellement cette journée comme la Journée nationale des grands-parents[8].

Toutes ces statistiques nous dressent un portrait de notre société, mais elles ne sont là qu'à titre de référence puisqu'elles ne tiennent pas compte des différences individuelles. Toutefois, ce que je tiens à faire ressortir ici, c'est la multitude de grands-parents qui sillonnent notre société : naturels, adoptifs, de familles recomposées. Ils occupent une place importante, tant sur le plan statistique que sur le plan psychologique des familles, de par leurs histoires, leurs témoignages et leurs regards admiratifs envers les petits. C'est pour eux que ce livre est écrit et pour faciliter leur apport aux familles, ce que vous découvrirez dans les prochains chapitres.

5. Ferland, 2003.
6. Edwards et Sterne, 2007.
7. www.armeedusalut.ca.
8. www.communication.gc.ca.

CHAPITRE 2

La structure familiale

Au départ, un homme, une femme et la rencontre

Lorsqu'un homme et une femme deviennent amoureux et décident de former un couple, c'est la rencontre de deux histoires, parfois très différentes, parfois très ressemblantes, parfois un peu des deux.

Tout comme l'histoire de Josée et Pierre: elle venant d'une mère à la maison et d'un père ouvrier très impliqué dans les activités sociales de la paroisse, un milieu familial plutôt sans limites où la priorité était accordée au plaisir du jeu et où les enfants étaient laissés à eux-mêmes, sans reconnaissance de la fille qu'elle était puisque très fusionnelle à la mère; lui venant d'un père policier mais peu présent et d'une mère enseignante où la priorité portait sur le respect des règles, de la loi et des tâches à faire, tout en ayant peu de reconnaissance et de valorisation de la part des parents dans son identité d'homme restant collé à la mère. Leur rencontre amène la confrontation de leurs différences: les limites et les règles imposées par les parents de même que le jeu et les tâches au quotidien; leurs ressemblances: la souffrance du peu de reconnaissance dans leur identité ainsi que la très grande présence maternelle par opposition à la présence paternelle.

Au départ, les jeunes amoureux s'appuient sur leurs ressemblances puisqu'ils sont dans un état de lune de miel, ou de fusion et d'illusion de l'autre. Puis arrive l'étape de la différenciation, communément appelée par certains auteurs l'étape de la lutte de pouvoir où il y a désillusion de ce qu'on avait imaginé de l'autre et où l'accent est mis sur la confrontation des différences de chacun. À cette étape du couple, chacun constate les différences des deux familles, croyant la sienne meilleure que l'autre. De là peuvent émerger certains conflits entre le conjoint et la famille ainsi qu'à travers le couple. Si le couple persiste et désire s'engager, avoir des projets (maison, mariage, enfants, etc.) vient l'étape plus «sage» de l'acceptation des différences, du partage du pouvoir. À ce moment, les deux ont trouvé une façon de vivre ensemble, de s'adapter à la différence de l'autre et de son vécu; les tensions sont moins intensément vécues puisque chacun des amoureux a pris une distance par rapport à sa propre famille. Vous reconnaissez du vécu dans ce court récit? Voyez la suite.

À l'arrivée d'un enfant, ces mêmes étapes réapparaissent: tantôt le couple ne fait qu'un, étant en adoration devant ce «ventre en devenir» ou ce nouveau-né, tantôt il se confronte sur l'éducation reçue et celle à appliquer (les règles, le vécu de chacun) avec cet enfant, tantôt c'est la dispute à savoir de qui cet enfant tient pour être aussi peu dormeur ou aussi actif. «Dans ma famille, on laissait pleurer les bébés pour ne pas trop les gâter ! » « Chez nous, les enfants doivent apprendre tôt à ramasser leurs jouets ! » « Je ne veux pas que mon enfant soit formé comme un policier ! » « Je ne veux pas que ta mère lui donne tout, sinon il apprendra que tout lui est dû ! » Toutes ces discussions convergent vers un seul et même but : trouver sa propre identité familiale pour ce nouveau père et cette nouvelle mère qui construisent ensemble leur fragile compétence parentale.

Pour le couple de jeunes parents, c'est aussi un moment de questionnement sur ses origines, quel genre de bébé il a été, quel tempérament ses parents percevaient de lui, enfant. C'est également la femme enceinte qui veut savoir comment les femmes qui l'ont précédée ont vécu leurs grossesses, leurs accouchements... C'est un retour aux sources avec des éléments du présent vécu à travers ce nouvel être en devenir.

Lorsque le garçon et la fille deviennent parents, le besoin identitaire et de filiation les pousse souvent à chercher des informations sur leur propre enfance auprès de leurs parents, et c'est encore plus apparent et imminent chez les enfants adoptés. En effet, c'est souvent à l'adolescence ou au moment de devenir parent que l'enfant adopté poursuit des recherches sur ses parents biologiques tout en questionnant les parents adoptifs (considérés comme les vrais parents). Le livre *Racines* de Valérie Lessard (une enfant adoptée), fort intéressant à ce propos, raconte le développement identitaire de 14 personnalités connues. Elle mentionne dans son introduction : « J'ai donc voulu pousser mon exercice plus loin en allant à la rencontre de personnalités dont les parcours différents et inspirants pouvaient alimenter ma réflexion sur le sujet. À travers eux, j'étais en quête de nouvelles perspectives, d'expériences de vie variées, de façons différentes de concevoir notre place dans le temps, l'histoire et l'espace, pour, tour à tour, questionner et confirmer mon enracinement.» Elle cite également un éloquent témoignage de Josélito Michaud, enfant adopté et père adoptant: «Un déraciné, c'est un survivant. Je considère que mes enfants sont des survivants parce qu'ils se battent avec les bouts manquants de leur propre histoire. Je me considère aussi comme un résilient.» C'est donc un besoin humain de connaître son histoire et c'est ce que peuvent apporter les parents, les grands-parents et les arrière-grands-parents à l'enfant.

Puisque toute personne a différents besoins à combler, pour les parents de ce couple (en transition vers la «grand-parentalité»), la manière dont ils gardent leur vie propre avec leurs activités, leurs loisirs, leurs valeurs et qu'ils continuent d'alimenter leur vie de couple va contribuer à une structure familiale élargie plus saine: une relation plus harmonieuse avec le jeune couple et une rencontre avec les petits-enfants porteuse de joie pour tous. Il est donc important de ne pas tout investir sur les enfants et sur les petits-enfants au détriment de la vie sociale, puisque celle-ci vient combler des besoins nécessaires aux grands-parents qui pourront y trouver du soutien, du plaisir, des affinités, du partage et bien d'autres éléments essentiels à leur équilibre et à leur vie psychique. «Si nous oublions d'être présents et participants dans la société, notre famille ne restera pas longtemps la bulle que nous souhaitons, et de plus, nous serons rapidement en porte-à-faux, largués de la vie que nous propose notre temps. Nous ne pouvons pas faire peser notre seul intérêt, nos seuls liens affectifs sur nos descendants que nous allons rapidement et terriblement encombrer[9].» Et le fait de devenir grands-parents, de voir les enfants quitter le nid familial engendre divers types d'émotions, mais la présence des tout-petits vient rendre plus acceptable la transition. En voici un témoignage: «Nos enfants

9. Marie-Françoise Fuchs, dans un article pour l'ORPAM, consulté au www.egpe.org/ALLO/2_1_2aujourd'hui.htm.

ont longtemps laissé dans le garage de notre maison des caisses de meubles alors que leur situation n'était pas encore stabilisée, leur logement trop petit, etc. Et puis, un jour, le garage s'est trouvé débarrassé. Nous étions déjà plusieurs fois grands-parents. Nous étions un peu mélancoliques devant ce garage enfin vide. Cette fois, les oiseaux se sont vraiment envolés ! Envol réussi quand, avec les oiseaux, les oisillons peuvent revenir souvent envahir la maison pour leur grande joie et celle de leurs grands-parents. Mais ce départ exige un véritable travail de deuil[10]. »

Mère et fille

Lorsque la fille devient mère à son tour, c'est un moment de rapprochement pour plusieurs avec leur propre mère. La fille comprend mieux le rôle parfois ingrat et pas toujours facile d'être mère, et a tendance à se réconcilier avec sa mère intérieure. Pour certaines, c'est un moment où les conflits non réglés surgissent. Pour d'autres, le conflit peut être déplacé sur la mère du conjoint puisque le conflit a été impossible à vivre avec leur propre mère.

Parfois, les attentes de la fille sont différentes de ce que la mère est en mesure de lui proposer puisqu'elle vit aussi une transition. Pour la future mère, la grossesse amène son lot d'angoisses, dont celle plus ou moins consciente de ne pas réussir à être une « bonne mère » pour cet enfant. Alors que pour la future grand-mère, l'angoisse peut s'installer autour du vieillissement, de la peur de ne pas savoir vieillir et du fait d'entrer dans une autre génération. Ainsi, des souvenirs de grands-mères disparues ou des gestes réflexes à procurer pour la future mère peuvent être réactivés ; par exemple : « Ma mère me disait de ne pas faire tel geste enceinte, alors je préfère que tu ne le fasses pas, je vais le faire pour toi, ma fille » ou

10. Natanson, 2007.

encore la mère qui vient faire le ménage ou apporte un repas à sa fille enceinte, tout comme sa propre mère ou même sa tante ont pu le faire pour elle à son époque. De la même manière, la future mère puise dans ses souvenirs inconscients les soins reçus étant enfant pour les donner à son bébé, comme si les modèles identificatoires de mère venaient entourer la mère et la fille.

Voici ce qu'en dit le docteur Michel Lemay dans son livre *Famille, qu'apportes-tu à l'enfant?*: «La fille devenue enceinte parachève son processus d'individuation. Le flambeau de la continuité est transmis puisque, d'enfant de sa mère, elle devient mère de son enfant. En même temps que se cristallise ainsi une séparation, la future mère se rapproche de sa propre mère bien au-delà d'une recherche de soutien matériel. La maman enceinte se met à vivre ce que sa mère a connu en la portant, et cette grand-mère réactualise son aventure originaire par l'entremise de sa fille. Cette fille attend que sa maman la soutienne avec empathie, désire lui parler de ce qu'elle vit et ressent, tout en souhaitant établir une distance suffisante pour ne pas se retrouver coincée dans le rôle de petite fille.»

Justement, certaines vont rester dans ce rôle de petite fille, un peu soumises à leur mère «qui sait tout»; d'autres vont chercher à dépasser leur mère, être encore meilleures qu'elle l'a été. «Les changements de société font en sorte qu'on ne peut pas nécessairement toujours se fier aux modèles que représentent nos parents pour nous guider dans notre rôle de parent parce qu'ils n'ont pas été confrontés à ces réalités. Mais, inconsciemment, nous [les nouveaux parents] nous comparons à eux [leurs parents], ce qui génère parfois un sentiment de culpabilité. Nous avons moins le temps de cuisiner de bons petits plats que notre mère, nos parents ne se sont jamais séparés et n'ont jamais eu à nous annoncer leur divorce ou à nous présenter un nouveau conjoint. Nous nous sentons coupables de retourner au travail après un congé de maternité en laissant notre enfant à la garderie, alors que notre mère est restée à la maison pour nous[11]. »

Peut-être y a-t-il de cette culpabilité dans notre ère où les femmes, qui travaillent maintenant à temps plein à l'extérieur de la maison, portent encore majoritairement sur elles la charge des enfants et les tâches reliées, à s'en rendre jusqu'à l'épuisement, un fait que je constate régulièrement dans mon bureau de consultation : entrée scolaire avec préparation du matériel, devoirs, vêtements à acheter et rotation dans la garde-robe, garderie (et trouver une place en garderie !), repas (et qualité des repas), lavage, préparation des bagages lors d'un voyage, rendez-vous chez le médecin, vaccins, dentiste et tous les « istes », etc. Ce fait est appuyé par une étude publiée aux Presses de l'Université du Québec, *Concilier travail et famille, le rôle des acteurs France-Québec,* où l'on mentionne que « le travail domestique demeure, en France comme ici, encore du ressort des femmes, qui y consacrent près de deux fois plus de temps que les hommes. La répartition semble plus égalitaire au Québec parce que les pères assument une part plus importante des tâches et aussi parce que les mères québécoises travaillent davantage[12] ». Voici le témoignage d'une grand-mère : « Les parents d'aujourd'hui sont plus pris dans le tourbillon de la rapidité et plus pris par leur carrière (surtout les mères), mais ils veulent faire le maximum pour leurs enfants. Donc, ils vivent plus d'épuisement que nous, à notre époque, même si la vie était déjà très rapide et exigeante ; on dirait que la performance est de plus en plus valorisée, sûrement au détriment d'autre chose. »

D'après ce que dit une grand-mère faisant partie des *baby-boomers* sur son rôle de mère, il semble bien y avoir une continuité : « Nous

11. Nadia Gagné, *Le Soleil*, 10 mai 2009.
12. Silvia Galipeau, *La Presse*.

avons vécu à une époque où nous étions censées être des supermamans, des superépouses et des superemployées. [...] Les femmes de notre génération ont été les pionnières des droits des femmes, et la société que nous avons contribué à créer a toujours beaucoup attendu de nous. Certaines femmes estiment aujourd'hui qu'elles et leurs familles ont souffert de ce syndrome de la femme parfaite[13]. »

Le texte qui suit parle justement de ce syndrome de mère parfaite à travers lequel la personne qui l'a écrit, en parlant de sa petite, tente de se défaire de cette pression de la perfection tant pour elle que pour sa fille. Alors, pour toutes ces femmes, jeunes mères et grands-mères, faites circuler le texte qui suit pour qu'enfin la perfection ne soit plus un objectif à viser.

La mère passable

Je voulais qu'elle m'écoute quand je lui parle, qu'elle respecte mes consignes, qu'elle dorme quand il le faut, qu'elle soit enjouée, ait de belles joues roses et un tempérament égal. Je voulais avoir les compétences qu'il faut, les réponses à toutes ses questions, je voulais la protéger de tout et prévoir tout. Pourtant, je sais bien que la perfection n'existe pas, on me l'a assez répété. La perfection n'existe pas plus en éducation qu'ailleurs et ça ne m'empêchait pas d'essayer quand même et de me culpabiliser de ne pas y parvenir. Ridicule, non ?

Alors j'ai décidé de devenir une mère passable. Passable, c'est-à-dire la mère suffisamment bonne, mais pas trop. Aimante, mais pas étouffante. Gentille, mais parfois énervante. Aidante, mais pas contrôlante. Capable d'humour, mais pas le clown de service. En mère passable, je serai aussi la mère dont on peut se passer. Quand on est petit, parce qu'on a assez de force en soi pour attendre qu'elle revienne sans perdre confiance dans la vie et quand on est grand, parce qu'on peut la

13. Natanson, 2007.

quitter et aller son chemin, solide sur ses deux jambes. Que l'enfant puisse se passer de sa mère, n'est-ce pas le but de l'éducation ?

Chaque fois qu'elle manifeste le désir de devenir autonome dans une sphère de sa vie, je me félicite d'avoir su lui donner la force nécessaire pour croire en ses capacités. Chaque fois qu'elle acquiert un peu plus d'autonomie, je me félicite qu'elle puisse se passer de moi. Chaque fois qu'elle fait une erreur et que son monde ne s'écroule pas, je me félicite d'avoir su lui inculquer la capacité de se pardonner et de s'aimer, au lieu de lui retirer le droit à l'erreur. J'aime être une mère passable parce que la perfection je n'y crois pas, je n'en suis pas et je ne voudrais surtout pas imposer à mon enfant d'être ce que je ne réussis pas à être.

Alors, à quoi bon se culpabiliser de ses imperfections ? Il suffit de faire de son mieux, d'être soi et d'aimer. Il restera même des moments de doutes, de questionnements et de remises en question bien sûr. Puis, il y aura toujours une âme charitable pour nous comparer à telle ou telle autre qui fait mieux ou autrement. Mais en ayant écarté l'obligation de perfection et en ayant pour moi la même dose de compassion et d'acceptation que j'aurais pour ma meilleure amie, je me sens drôlement plus légère. Accepter mon imperfection, c'est un beau cadeau que je me fais et un bel exemple d'amour concret que je donne à mon enfant[14].

En psychologie, c'est ce que nous appelons la mère « suffisamment bonne », celle qui aide l'enfant à grandir. Alors, à vous chère grand-maman de le faire lire et découvrir à vos filles ou belles-filles pour que cette éternelle transmission d'une mère parfaite cesse. Pour que, de mère en fille, soient transmis le plaisir, la dédramatisation des imperfections et, surtout, le droit d'être une mère ou une

14. Texte d'Esther Chenard (inspiré des écrits d'Anne Bacu), consulté sur le site du groupe Les Relevailles au www.groupelesrelevailles.qc.ca, un organisme à Québec qui a pour mission d'accompagner et de soutenir les parents de jeunes enfants dans leur adaptation au rôle parental en leur offrant des services diversifiés adaptés à leur réalité.

grand-mère humaine et imparfaite qui permet à son enfant de se distancier de ses propres projections de perfection. Ce faisant, vous permettrez aux générations futures d'être des enfants imparfaits qui ont le droit à l'erreur et, surtout, qu'ils soient eux-mêmes et très aimables ainsi! Et rappelez-vous que le fait d'être imparfaite (de ne pas répondre à tous les besoins immédiats de son enfant, de ne pas être omniprésente, de ne pas tout comprendre ce que l'enfant exprime, etc.) pousse l'enfant à grandir, à vouloir se faire comprendre. Ces petites frustrations rendent l'enfant actif de son développement, sinon il n'aurait pas besoin de faire des efforts et resterait dans une illusion d'omnipotence, c'est-à-dire qu'il aurait le sentiment d'être tout-puissant et resterait passif.

À travers cette recherche de perfection se cache le besoin de reconnaissance, d'être vue et reconnue par sa mère et par son père comme une bonne mère. Si vous désirez aider votre fille ou belle-fille à devenir la mère qu'elle est au plus profond d'elle-même, encouragez-la. Dites-lui que vous trouvez qu'elle est une bonne mère, que vous la trouvez courageuse, qu'elle décode bien son bébé, etc. Lorsque vous la voyez essayer d'appliquer à la lettre les recommandations médicales ou les recettes toutes faites des livres (ce qui peut aider assurément, mais pas si la mère est coupée de son ressenti), dites-lui que vous avez confiance en ses capacités, vérifiez ce qu'elle en pense et comment elle ressent son bébé. Bref, la renvoyer à elle, à son ressenti plutôt qu'à quelque chose d'extérieur à elle puisque, au fond, elle l'a porté pendant neuf mois au plus profond d'elle-même.

Je me rappelle les visites chez mes beaux-parents alors que nous en étions à notre premier enfant. Je voulais tellement bien faire pour me prouver à moi-même que j'étais une bonne mère et toute la pression que je pouvais transmettre à mon enfant pour qu'elle montre que nous étions de bons parents, ce que bien souvent les parents d'un premier enfant vivent également. Quel bien-être ressenti lorsque j'entendais mes beaux-parents dire, au départ d'une visite : « On trouve que vous faites bien ça avec votre enfant ! »

Autre réflexion, mais cette fois-ci concernant le devenir de la femme. J'ai reçu un texte alors que je donnais une conférence à l'Association canadienne pour la santé mentale à l'occasion de la Journée de la femme, texte qui parle du regard de la femme envers elle-même, de la petite fille à la femme d'âge plus avancé. Le voici, en partie.

Une femme devant son miroir

À 3 ans : Se regarde et voit une reine.

À 8 ans : Se regarde et voit Cendrillon ou la Belle au Bois dormant.

À 15 ans : Se regarde et voit Cendrillon, la Belle au Bois dormant, une *cheerleader*, une actrice de cinéma. Ou, si elle est dans son syndrome prémenstruel, se voit grosse, laide, pleine de boutons : « Maman, je ne peux pas aller à l'école comme ça ! »

À 20 ans : Se regarde et se voit trop grosse/trop mince, trop petite/trop grande, les cheveux trop raides/trop frisés, mais décide qu'elle ira quand même !

À 30 ans : Se regarde et se voit trop grosse/trop mince, trop petite/trop grande, les cheveux trop raides/trop frisés, mais décide qu'elle n'a pas le temps de les arranger et y va quand même !

À 40 ans : Se regarde et se voit trop grosse/trop mince, trop petite/trop grande, les cheveux trop raides/trop frisés, mais se dit qu'au moins elle est propre et y va quand même !

À 50 ans : Se regarde et se dit : « C'est moi », sourit et va où bon lui semble !

À 60 ans : Se regarde, se rappelle que bien des gens ne peuvent même plus se voir dans le miroir, sourit, sort et va conquérir le monde !

À 70 ans: Se regarde et voit l'expérience, l'habileté, sourit et sort profiter de la vie!

À 80 ans: Ne se regarde même plus dans le miroir, met son petit chapeau violet et sort juste pour le plaisir de voir le monde!

Nous devrions toutes prendre notre petit chapeau violet un peu plus tôt. La vraie beauté d'une femme est réfléchie par son âme. L'amour qu'elle donne, la passion qu'elle démontre, les années qui passent l'embellissent.

Ici encore, il en ressort une recherche de perfection, vécue sur le plan corporel, plutôt qu'une recherche d'un sentiment de bien-être intérieur. Comme si être bien dans sa peau passait par l'extérieur plutôt qu'intérieurement. D'ailleurs, dans le texte, le miroir peut venir symboliser le regard du père envers sa fille. Plusieurs études et livres cliniques ont démontré le lien entre la confiance en soi chez la fille et le regard positif et encourageant du père sur celle-ci. Lorsque la fille grandit et devient mère, ce sera la continuité de ce regard paternel aimant et reconnaissant la capacité de sa fille, puis le regard du conjoint sur sa femme à être mère qui l'aidera à avoir confiance en elle. Le rôle de la mère consiste ici à permettre à sa fille d'avoir accès à son père, de valoriser le regard positif de ce dernier sur elle, d'encourager des moments privilégiés d'échanges ou d'activités entre le père et la fille. La mère peut encourager son conjoint en ce sens si ce dernier n'est pas porté à y penser. Alors, transmettons à nos filles cette liberté intérieure et la confiance en soi!

Père et fils

Les pères d'aujourd'hui sont bien différents de ceux de leurs parents qui, eux, avaient plutôt un rôle de pourvoyeur, celui qui devait assumer le soutien financier de sa famille et avoir une certaine autorité lorsque les mères n'y arrivaient plus. Qui n'a pas déjà entendu cette phrase, soit de leur mère ou par le biais d'anecdotes : « Attends quand ton père va arriver ! » Ces pères, devenus maintenant grands-pères, étaient souvent à l'extérieur de la maison alors que les mères assuraient la responsabilité des tâches quotidiennes et de l'éducation. Les hommes qui participaient à ces responsabilités étaient davantage des assistants pour leurs conjointes que des autodidactes et faisaient plutôt l'exception que la norme.

Les pères d'aujourd'hui se retrouvent donc face à une nouvelle définition de leur rôle dans lequel ils n'ont pas eu de modèle d'homme présent à la maison, aux tâches, à l'éducation et aux enfants. Ce qui n'est pas simple dans le couple car, lorsque l'éducation et les tâches sont partagées, il doit nécessairement y avoir discussions et compromis à faire, contrairement aux générations où cette partie était destinée aux femmes, appuyée par l'homme qui, souvent, se faisait dicter son rôle par la mère.

En quelques décennies, le rôle et la place du père ont grandement changé. L'évolution des méthodes contraceptives et des techniques de fécondation fait en sorte que la fonction de géniteur échappe en grande partie au contrôle de l'homme. Il y a aussi le nom donné à l'enfant, tantôt celui du père, tantôt celui de la mère, tantôt les deux. Ce qui place le père dans une tout autre position. Dans *La Presse* du 21 juin 2009, journée de la fête des Pères, on a publié quatre témoignages de père d'époques différentes: les années 1940, 1960, 1980 et 2000. Faisons ressortir quelques éléments de ces témoignages.

Les années 1940, père de cinq enfants : « Mon rôle en était un de pourvoyeur et de gardien. À l'époque, tout le monde avait sa petite famille. Ça n'était pas un événement extraordinaire. C'était la vie courante. » Au premier bébé, il se sent tout de même submergé de responsabilités, autoritaire à ses heures et surtout joueur.

Les années 1960, ce père de quatre enfants disait à sa femme: «Voilà, tu peux arrêter de travailler, je suis capable de te faire vivre. Tu étais père, tu avais prouvé ta masculinité.» Les pères sont exclus des salles d'accouchement. Après deux divorces, il est grand-père de 12 petits-enfants. «C'est merveilleux, j'ai semé une espèce de prolongement...»

Les années 1980 , ce père de deux enfants a pris bien du temps avant de se décider à avoir un enfant, ne se sentant pas de taille. Suivent des cours prénataux; il assiste à l'accouchement et coupe le cordon. Il partage les tâches à la maison, donne le biberon. Adepte de la philosophie des enfants libres, il dit avoir été un père peut-être trop amical, ses enfants l'appelant d'ailleurs par son prénom.

Les années 2000, père de deux enfants: «Être un père, c'est être présent, avoir des idées, les amener à l'aventure, les allumer. Ma priorité, ce ne sera pas le travail. Ça va rester ma famille.» Après chaque naissance, ce père prend un mois de congé de paternité. Il se voit comme un papa joueur avant tout[15].

Pour bien des garçons, dont le père est le principal modèle d'identification, si le plaisir de se retrouver et de jouer avec lui a été inexistant ou du moins présent mais à de rares moments et que ça lui a manqué, il peut éprouver le désir de réparer ce besoin lorsqu'il devient père à son tour. Pour d'autres, ce peut être de perpétuer ce plaisir avec son enfant puisqu'il l'a déjà vécu avec son propre père. On voit d'ailleurs plusieurs grands-pères «profiter de la vie» avec leurs petits-enfants, ce qu'ils n'ont pu (ou n'ont su) se permettre dans leur propre rôle de père. Les grands-pères, ne s'étant pas définis que par leur rôle auprès des enfants à la maison, con-

15. www.cyberpresse.ca/vivre/famille/200906/21/01-877645-peres-dhier-et-daujourdhui.

trairement à plusieurs grands-mères, peuvent accepter plus facilement les différences éducatives de leurs fils. Par exemple, ceux-ci seraient moins portés à faire ce genre de commentaire à leurs fils: « Tu laisses ton enfant faire ceci ou dire cela ! » Les nouveaux pères, impliqués dès la grossesse par les cours prénataux, par les échographies où l'on peut connaître le sexe de l'enfant, ou encore par les lectures, partagent et discutent de l'éducation des enfants avec leur conjointe (le sommeil du bébé, l'apprentissage de la propreté, la discipline, etc.), ce qui est plutôt la norme que l'exception, contrairement aux générations précédentes.

Malgré tous les changements du rôle du père et de son implication, quelques constantes psychiques demeurent. L'homme vit la grossesse de sa conjointe différemment de cette dernière, puisqu'il la vit de l'extérieur. Pour investir cet enfant, il doit d'abord imaginer l'enfant à venir, puis construire le nid, ce qui est souvent fait par les préparatifs de la chambre du bébé.

Le nouveau père connaît bien son rôle de fils auprès de son père et doit élaborer psychiquement une nouvelle façon d'être. Il doit renoncer à sa position de petit garçon pour créer une nouvelle famille en tenant compte de la femme avec qui il est. En ce sens, le futur grand-père peut venir aider son fils (futur père) en appuyant ce dernier dans ses décisions ou l'accompagnement de sa conjointe, ou encore en étant à l'écoute de ce qu'il peut vivre dans son nouveau rôle de père et en échangeant sur le nouveau rôle de grand-père tout en faisant de menus travaux ensemble. Parfois, par manque de repère (re-père) et connaissant un seul rôle (père-fils), le fils devient « paternant » pour son père vieillissant plutôt que de se positionner dans une relation d'adulte à adulte. Ici encore, le père peut remettre son fils à sa place, dans un rôle d'adulte plutôt que de père face à lui, en disant par exemple : « Je te remercie de vouloir prendre soin de moi, mais que dirais-tu si on faisait autrement... » et proposer des activités ou d'autres façons de faire.

Désirer être père vient apaiser l'angoisse face à la mort qu'apporte le vieillissement (même au début de la vingtaine!). C'est également désirer une continuité de la vie, un prolongement de soi. C'est d'ailleurs ce que les grands-pères que j'ai interrogés m'ont dit: « C'est une fierté pour moi de voir une continuité. » Pour ce faire, le père doit d'abord « imaginer » un enfant qui portera ses attentes (« Il sera comme ceci », « Il fera telle chose »), puis l'accepter comme un enfant réel et distinct de lui tout en contenant une partie de lui (les ressemblances plus ou moins appréciées de soi). Le fait que les pères d'aujourd'hui sont davantage présents physiquement auprès de leurs enfants dès le début (en les nourrissant, les changeant, les lavant, faisant les devoirs, jouant, etc.) leur permet d'être en contact avec ce que peut ressentir leur enfant. Cela n'en demeure pas moins une complémentarité dans le couple puisque la mère le vit davantage de l'intérieur (ayant porté en elle le bébé pendant neuf mois), et le père prend sa place dans cette fusion en soutenant celle-ci, en continuant de la désirer comme femme mais pas tout à fait de la même manière et en étant actif auprès de son enfant.

Devenir père, c'est aussi être replongé inconsciemment dans sa relation à sa mère « toute-puissante », face au ventre de la conjointe qui grossit, ce qui lui fait souvent éprouver de la difficulté à prendre sa place auprès de sa conjointe dans l'éducation des enfants, surtout lorsqu'il y a désaccord, la laissant plutôt décider de ce sujet. D'ailleurs, le père a tout intérêt à ne pas croire que sa conjointe sait tout au sujet du développement des enfants, surtout sur les questions de discipline et d'autonomie, fonctions souvent bien assumées par le père, car lui aussi a été enfant et possède en lui une expérience lui permettant de faire sa propre idée.

L'enfant a du reste besoin d'un peu de maman pour être consolé et entendu dans sa peine lorsqu'il pleure et s'est fait mal, et d'un peu de papa pour l'aider à reprendre ou à continuer ce qu'il faisait avant la douleur et pour conquérir le monde. C'est ce que je constate dans ma pratique lorsque je rencontre des enfants qui sont pris dans des peurs et qui développent des phobies ou des paniques. La mère tend à comprendre son enfant dans sa peur et à aller dans le même sens que lui (éviter l'objet de peur), tandis que le père a comme premier réflexe de pousser l'enfant à confronter sa peur. Mais souvent, chez les enfants qui consultent, la fonction maternelle a pris le dessus sur la fonction paternelle, ce qui les cristallise dans leur peur. Généralement, dans ces situations, je n'ai qu'à renforcer la fonction du père, tout en considérant la fonction maternelle comme très importante dans un premier temps, pour que la confiance chez l'enfant vienne remplacer la peur.

Dans le même sens, le nouveau père peut bénéficier d'encouragement et de la tape dans le dos de son propre père pour sentir qu'il est capable d'assumer son nouveau rôle, puisque cette nouvelle fonction fait vivre également de l'angoisse: « Vais-je être à la hauteur? », « Suis-je capable d'assumer toutes ces responsabilités? », « Vais-je pouvoir continuer à vivre financièrement? », « Et si ça ne fonctionnait pas et que nous devions nous séparer? », « Est-ce que je vais pouvoir encore avoir une certaine liberté? », « Comment sera ma conjointe après la grossesse et l'accouchement sur les plan affectif et sexuel ainsi que dans son rôle de mère? ». Toutefois, les pères ont plutôt tendance à « protéger » leur conjointe de leurs angoisses, en gardant pour eux les émotions que font vivre la grossesse et toutes les questions précédentes. C'est pourquoi le grand-père pourrait suggérer quelques activités ou une aide dans la construction du « nid » pour ainsi en profiter et échanger sur leur vécu respectif, constater les différences, etc.

La belle-famille

La belle-famille, qui est souvent très différente de la famille, amène son lot de discussions et de confrontations dans le couple et parfois même en arrive à un conflit familial. Ce que je constate dans ma pratique, c'est que plus un père ou une mère reste coincé dans un rôle d'enfant auprès de ses parents, plus il y a de risque de conflits entre le conjoint et la belle-famille. Le conflit agit ici comme un désir de maturation, pour aller plus loin dans l'engagement envers le conjoint. Ce qu'Yvon D'Allaire, psychologue, explique autrement en parlant du stade de la lutte de pouvoir dans le couple: «Plus de la moitié des couples divorceront et beaucoup répéteront la même dynamique avec un nouveau partenaire. Trente pour cent (30 %) des couples se résigneront, développeront une relation de couple déséquilibrée, se feront une guerre entrecoupée de périodes d'accalmie et chercheront des compensations dans le travail, la famille ou ailleurs. À peine 20 % des couples réussiront à transformer cette lutte inévitable pour le pouvoir en partage du pouvoir et ainsi passer à l'étape du partage de pouvoir.»

Pour le professeur Marcel Rufo, auteur de nombreux livres dont *Détache-moi! Se séparer pour grandir*, tout le développement de l'enfant apparaît comme une suite de séparations (du ventre maternel, du sein, d'un morceau de soi avec l'apprentissage de la propreté, d'un jouet, d'un professeur, d'un animal, d'un ami...). Chaque fois, l'enfant doit se séparer d'un monde pour pouvoir en conquérir un nouveau. Il en est de même lorsqu'un couple se forme et décide de fonder une famille, chacun devant se séparer un peu du monde familial vécu pour en former un nouveau. Selon l'accueil que feront les parents du besoin de distance du nouveau couple et de l'acceptation des différences qu'ils forment, les relations familiales élargies pourront se développer sur des bases plus saines et moins tendues. La belle-famille peut donc aider en acceptant les différences (style de vie, valeurs, habitudes, etc.) et en s'informant auprès du couple de ce qu'il attend d'elle. Je donnerai plusieurs suggestions pour des relations plus saines dans le chapitre 3.

Par contre, pour d'autres et pour toutes sortes de raisons, la belle-famille devient un ressourcement, un rapprochement, une famille idéale qu'ils n'ont jamais eue. Je pense ici à des blessures importantes vécues dans l'enfance, à des conflits non réglés, à des parents atteints de maladies (handicap, dépression, etc.), à des parents immatures et qui ont de la difficulté à assumer leur rôle parental. Dans ces situations, la belle-famille peut devenir un modèle sur lequel le nouveau père ou la nouvelle mère vient s'appuyer et partager des moments intenses.

Et les grands-parents dans tout ça?

Atteindre le statut de grands-parents est une étape importante de la vie et peut comporter un double sens: le bonheur de voir la continuité de la vie assurée par un petit-enfant, mais aussi une fin par rapport à être parent puisque le flambeau est transmis au fils ou à la fille qui accède à son tour au rôle de parent. On ne choisit pas le moment de devenir grands-parents, il s'impose par le biais des enfants. Certains attendent longtemps ce moment tant désiré, alors qu'il arrive par surprise pour d'autres. Dans les témoignages que j'ai reçus, tous les grands-parents sont unanimes pour dire qu'il s'agit d'un moment privilégié de la vie parce qu'ils sont dégagés des obligations et de la discipline qu'impose le rôle de parent.

C'est aussi une étape de la vie qui remet en cause la relation avec ses propres enfants et ranime le souvenir de ce que furent ses propres grands-parents. Les parents et les beaux-parents deviennent des grands-parents à qui on apporte leur petit-fils ou leur petite-fille, comme si la relation passait maintenant par les petits-enfants, de qui on parle beaucoup. De ce fait, chacun des grands-parents est unique de par son histoire, son enfance ainsi que la représentation du passé familial assumée par cette nouvelle étape. Tout comme nous apprenons à devenir parents à travers nos enfants, nous apprenons à devenir grands-parents à travers la relation aux parents et aux petits-enfants, par essais et erreurs, en communiquant et en réfléchissant sur nous-mêmes et sur les relations.

Plusieurs types d'émotions viennent habiter les nouveaux grands-parents :

- leurs souvenirs de maternité ou de paternité ;
- le désir pour certains d'être mère ou père à nouveau (voir le témoignage de Benoît Clotteau, à la page 136) – certains passent à l'acte soit en prenant la place du parent, soit en trouvant une partenaire plus jeune qui puisse enfanter ;
- une certaine inquiétude face à l'avenir de leur enfant quant au jeune âge ou à la solidité du couple parental (responsabilités, séparation, encore aux études, aspect financier précaire, etc.) ;
- le bonheur de voir ce petit être constituer le prolongement de soi en même temps que la conscience de la vulnérabilité de leur propre vie en ayant atteint la troisième génération ;
- le sentiment de devoir réorganiser leur vie pour être plus présents auprès des petits-enfants et une représentation différente de leur projet de retraite (voir le témoignage de Christiane Grégoire, à la page 139) ;
- le sentiment d'une nouvelle identité : « Ce nouveau rôle m'a permis d'accepter mes rondeurs de la soixantaine, en étant maintenant une grand-mère moelleuse. » ;
- l'impression de rester jeunes en renouant avec les plaisirs de la magie de l'enfance (les contes, le père Noël, la naïveté de l'enfant où tout est à apprendre) ;

- un désir de réparation et de revanche, en même temps qu'un espoir de répétition améliorée de ce qui a pu être assumé : « Devenir grand-mère pour moi, ça a changé des choses dans ma vie. Apprendre à prendre du temps pour ces petits. Jouer, chanter avec eux, les bercer ! Malheureusement, je n'avais pas pu faire autant avec mes enfants. Alors, je me gâte ! Et ils me le rendent bien. Ils me parlent au téléphone, parlent de Mamie à leurs parents. »

C'est également un moment de choc des générations (comme dans « être choqué ») où les nouveaux grands-parents sont confrontés à plein de nouveautés et de différences par rapport à leur vécu tant pour la grossesse que pour l'accouchement ainsi qu'en côtoyant les petits qui grandissent. Les grands-parents constatent donc plusieurs changements à travers cette nouvelle génération, ce qui leur demande de la flexibilité, de l'adaptation, du respect et une certaine distance de leur rôle de parents pour laisser les jeunes parents vivre leur propre expérience. « Le jeune parent éprouve à la fois le désir d'être soutenu dans sa tâche par ses géniteurs et celui de se distancier de leurs modes d'éducation en se méfiant un peu de leur emprise. S'il y a une joie réelle à voir grand-maman et grand-papa investir le petit, on se protège de leur désir de possession[16]. »

Voici quelques changements que peuvent constater les grands-parents qui se sentent déstabilisés par ces nouveautés, parfois fort différentes de leur propre vécu, selon les années où ils ont été parents, la région d'où ils viennent et les modes de leur époque.

Au moment de la grossesse

- Le test de grossesse maison qui confirme la grossesse avant la date prévue des menstruations.

---

16. Lemay, 2001.

- Les suppléments vitaminiques, dont l'acide folique.
- Les restrictions: cigarette, alcool, caféine, chocolat, certains fromages, poissons, etc.
- Le suivi médical plus serré.
- Les tests de dépistage et l'amniocentèse.
- Les échographies de routine.
- Les échographies en 3D et 4D où on voit les traits réels du bébé.
- Les vêtements moulant les rondeurs.
- Les cours prénataux de tous genres: exercices, méthode Bonapace, yoga, hypnonaissance, acupuncture, etc.

À l'accouchement

- Des césariennes voulues et planifiées.
- La présence de toutes les personnes désirées par les parents dans la salle d'accouchement.
- Des sages-femmes qui accompagnent la naissance plutôt que des médecins.
- Des maisons de naissance plutôt que des hôpitaux.
- Des accouchements naturels.
- Les services d'une accompagnante formée pour aider les parents à l'accouchement.
- Des naissances à domicile ou sous l'eau.
- La cohabitation parents-bébés durant le séjour à l'hôpital.
- Le séjour de courte durée à l'hôpital (une à deux nuits).

Lorsque le bébé est là

- La visite de l'infirmière du CLSC ou de la sage-femme à domicile pour assurer un suivi.
- Les visites chez le pédiatre.

- Le bébé dormant sur le dos.
- Le boire au sein et à la demande.
- Les conseillères en allaitement.
- L'alimentation à 4 ou à 6 mois (pas avant) et pas d'arachides ni de miel avant 4 ans.
- Pas de caprice (on prend bébé quand il en a besoin).
- Les couches jetables et le retour des couches en coton avec service de lavage à domicile.
- Les sièges d'auto pour bébé (avec manuel d'instructions !).
- Les recommandations médicales suivies à la lettre par les nouveaux parents.

Lorsque l'enfant grandit

- L'entrée à la garderie.
- L'apprentissage de la propreté qui se fait plus tard et au rythme de l'enfant.
- Les nombreuses mesures de sécurité actuelles et d'hygiène : le port du casque à vélo (trottinette, patins, ski, etc.), la crème solaire à appliquer régulièrement, le lavage des mains (avec une comptine !), tousser dans le creux du coude, etc.
- Les nouvelles technologies omniprésentes déjà dans la petite enfance : jeux vidéo, ordinateurs, IPod ou MP3, Nintendo, lecteur DVD portable, téléphones cellulaires, etc.
- Les méthodes éducatives : pas de fessée, tenir compte de l'opinion de l'enfant, la discipline, la négociation, le droit de parole à l'enfant, etc.

Ces méthodes sont-elles meilleures ou pires que les précédentes ? La sagesse des grands-parents ne peut que témoigner de ces différences en parlant du passé, en cherchant à comprendre plutôt qu'à imposer. Lorsqu'on comprend une règle ou une façon de faire, il est plus facile de l'accepter ou de la respecter. Il vaut la peine, pour les grands-parents, de s'informer pour comprendre ou d'interroger les nouveaux parents sur la logique derrière ces nouvelles méthodes, ce qui peut amener des discussions et réflexions intéressantes. «Il y a un bon usage de la nostalgie, celle d'un passé qui se raconte, d'un présent qui se vit et d'un futur qui s'écoute dans les échanges avec nos petits-enfants[17].» Les grands-parents peuvent se sentir facilement dépassés par tous ces changements et tout être humain possède à l'intérieur de lui ce qu'on appelle une résistance au changement.

Comme certains professionnels démontrent une rigidité dans leurs conseils aux parents, pourquoi ne pas en profiter pour user de souplesse en tant que grands-parents et parler de votre vécu différent à vos enfants ! Vous pouvez également aider vos enfants en vous renseignant et en cherchant différents avis à leur rapporter pour qu'ils fassent leur propre idée (professionnels, info-santé, livres récents, documents fiables, sites Web pour parents et grands-parents, etc.). Après leur avoir parlé de vous et avoir apporté des avis différents, la décision revient aux parents ; il n'en tient qu'à vous de les appuyer ou de les respecter dans leur décision pour ainsi maintenir une saine relation, à moins, bien sûr, que la vie de vos petits-enfants ne soit en danger.

Il y a à cet égard un livre intéressant écrit par Andrew Adesman, pédiatre new-yorkais de renom, qui répertorie quelque 150 mythes populaires dans son ouvrage *Babyfacts: The Truth about Your Child's Health from Newborn Through Preschool*, publié tout récemment chez John Wiley & Sons. Preuves scientifiques à l'appui, l'auteur défait des mythes touchant tant l'alimentation (pas d'alcool en allaitant), le sommeil (il ne faut jamais dormir avec bébé), l'hygiène

17. Natanson, 2007.

(jamais de crème solaire sur un poupon de moins de six mois), la propreté (les couches jetables ou lavables provoquent des irritations), la santé (sucer son pouce ou une sucette déforme la dentition), le développement (il ne faut jamais regarder la télé de trop près) que les premiers soins à apporter aux enfants (les égratignures cicatrisent plus vite à l'air frais). Si ça vous intéresse, vous pourrez échanger avec vos enfants sur ces aspects et faire votre propre opinion.

En échangeant avec ma mère sur son rôle de grand-mère, elle me confia ce qu'elle constatait de différent dans son statut: «Envers mes petits-enfants, je n'ai pas d'attente particulière, je les prends comme ils sont. Comparativement à mes enfants où je voulais qu'ils fassent ceci ou cela, qu'ils se tiennent de telle façon, qu'ils deviennent ce que j'aurais voulu qu'ils soient.» C'est effectivement une grande différence entre le statut de grands-parents et celui de parent où les désirs et les aspirations sont projetés sur les enfants. Par contre, c'est aux parents (anciens enfants) que les désirs de réparation et de non-répétition de leurs «erreurs» sont projetés de la part des grands-parents qui se revoient dans leur rôle de parent ayant l'expérience et ayant compris.

Atteindre le statut d'arrière-grands-parents est de plus en plus fréquent, en raison de l'augmentation de la longévité. Voici un homme de 78 ans qui en témoigne avec sagesse: «Lorsque tu deviens arrière-grand-père, c'est une autre étape de la vie qui te rend heureux mais qui te rend aussi nostalgique de toute la vie passée. Comme expérience personnelle, en tant que grand-père, lors du décès de mon père qui était alors arrière-grand-père, j'ai pris un coup de vieux! À ce moment, j'ai réalisé que c'était moi le patriarche maintenant... Chaque étape est belle: de parent à arrière-grand-père. Si tu ne vieillis jamais, tu ne pourras jamais connaître les joies et la fierté sur ton chemin...»

Le rôle des grands-parents

C'est au cours du XIXe siècle qu'on commence à parler davantage de «grands-parents» que «d'aïeuls» pour désigner les ascendants. Les grands-parents se sont individualisés, passant de «figures sacrées» objets de respect en «personnes» sujets d'affection, ayant des aspirations et des valeurs.

Voici le témoignage d'un grand-père qui parle de cette différence d'époque: «Je trouve que les enfants d'aujourd'hui sont plus obstinés, ce qui est très différent que lorsque nous étions parents. Ils sont également plus sociables, plus présents peut-être parce qu'ils vont en garderie. À l'inverse, je trouve que les enfants sont moins portés à jouer seuls, ils ont besoin d'être toujours en contact avec quelqu'un d'autre.»

Le rôle de grands-parents se fait non seulement auprès du petit-enfant, mais aussi auprès des enfants devenus parents. «Nous sommes là aussi pour soutenir nos enfants, nous avons un rôle complémentaire.» Et c'est là toute la complexité de l'être humain et des générations. C'est au niveau plus profond de son identité même que se transforment les grands-parents. Puisque devenir parent est renoncer à la position infantile et chercher non seulement un autre type de relation avec ses parents réels, mais aussi de l'image intériorisée de ses parents, le rôle de grands-parents est d'aider et de permettre cette distance psychique chez son enfant.

Même si le changement de rôle et la distance du rôle de parent se fait petit à petit lorsque l'enfant devient adulte puis forme un couple, les grands-parents doivent tout de même rechercher une autre forme de relation que celle qu'ils ont entretenue jusqu'à maintenant. Ils ne joueront plus tout à fait le rôle de maman ou de papa auprès du nouveau petit ni même de leurs enfants. Cette transition n'est pas vécue toujours aisément puisqu'il arrive assez souvent de voir des grands-parents se «camper» dans une position de parents qui dictent quoi faire ou ne pas faire aux nouveaux parents, qui s'opposent aux décisions des parents ou les banalisent, maintiennent qu'il n'y a qu'une seule bonne façon de faire (sous-entendant la leur et « dans mon temps »), ce qui ne fait que créer un fossé et une distance physique imposée par les parents qui ont besoin d'air pour devenir... parents !

Comme les rôles des grands-parents ont changé et continuent de se modifier, chacun construit son rôle en référence à ses grands-parents, ses parents devenus grands-parents et à travers les petits-enfants présents. Comme il ne s'agit pas de reproduire un type de relation mais bien d'en créer un nouveau, les petits-enfants actuels vont favoriser la construction du rôle de grands-parents.

Voici quelques questions auxquelles les grands-parents peuvent répondre pour tenter de se définir dans leur nouveau rôle, des questions que plusieurs grands-parents interrogés ont répondu avec beaucoup de bonheur.

- Quel type de grand-mère ou de grand-père aimerais-je être ?
- De quelle façon est-ce que je vois mon rôle auprès de mes enfants ?
- Pour moi, quelle est la différence entre être un parent et être un grand-père ou une grand-mère ?
- Jusqu'où puis-je aller dans mes commentaires auprès de mes enfants dans leur rôle de parent ?
- Qu'est-ce que j'ai aimé et moins aimé de mes parents et de mes beaux-parents lorsqu'ils étaient grands-parents ?
- Qu'est-ce que j'ai aimé de mes grands-parents et que je garde comme souvenir ?
- Qu'est-ce que je veux que mes petits-enfants gardent de moi ?

Je recommande d'échanger ouvertement si possible avec les nouveaux parents sur ce qu'ils attendent de vous comme grands-parents, ce qu'ils aimeraient, tout en mentionnant vos propres désirs de grands-parents et vos limites.

Voici une liste non exhaustive de ce que peuvent apporter, de façon consciente et également à leur insu, des grands-parents à leurs petits-enfants:

- un amour inconditionnel à leurs petits-enfants;
- une écoute et une présence;
- un modèle d'identification et une figure d'attachement;
- un regard admiratif sur les petits et sur leurs enfants devenus parents;
- un accueil différent pour l'enfant (rythme plus lent et moins stressé, règles différentes, mode de vie autre, accueil différent des propos de l'enfant, distance par rapport aux exigences parentales);
- une complicité dans la limite du respect des règles parentales;
- des transmetteurs de passions et de rêves;
- le plaisir de la vie au jour le jour (jeu, humour, simplicité);
- le fait de ne pas agir comme des gardiens ou des éducateurs, mais comme des grands-parents;
- un appui aux enfants dans leur rôle de parents;
- le fait de ne pas formuler de plaintes en tous genres ou de ne pas faire preuve d'autoritarisme;
- une non-ingérence;
- une stabilité et une continuité dans le temps et les relations en étant seulement présents (surtout lors d'une séparation des parents);
- une oasis de paix dans les tumultes ou la souffrance parentale;

- une certaine sagesse et des réflexions;
- des histoires familiales;
- un confident pour les petits-enfants.

Parfois, au cours de conflits persistants entre le parent et l'enfant, entre autres dans les familles monoparentales ou par rapport à des parents de plus en plus exigeants face à leur enfant, les grands-parents peuvent devenir un refuge pour l'enfant et un repos pour le parent. Les familles ont besoin plus que jamais de sentir qu'elles appartiennent à une lignée; les grands-parents sont donc nécessaires dans cette société de stress, de performance et de technologies créant plus d'isolement. La situation d'un nombre croissant de parents seuls et de familles reconstituées augmente les difficultés. Les grands-parents peuvent amortir ces stress de par leur écoute auprès de leurs enfants et petits-enfants, leur présence rassurante en cas de besoin (par exemple, au moment d'une naissance ou d'une maladie infantile, ou encore lorsque la mère retourne au travail).

D'ailleurs, lorsque je rencontre des familles dont les grands-parents habitent à proximité et dont le territoire et les limites sont bien établis, je constate que c'est une réelle chance ne serait-ce que pour les situations d'urgence, le soutien émotionnel ou le répit qu'ils peuvent offrir. Je me rappelle un enfant en thérapie venu consulter pour des crises de colère. Celui-ci avait vécu plusieurs séparations et reconstitutions familiales avec sa mère, de même que l'éloignement de ses grands-parents biologiques. Lorsque j'ai fait son génogramme avec lui (voir à la page suivante), et à travers les dessins qu'il faisait, il était frappant de voir à quel point il se sentait seul et vivait une carence affective. Comme si l'arbre avait été coupé de plusieurs de ses branches principales et qu'il n'en connaissait qu'une, celle de la mère.

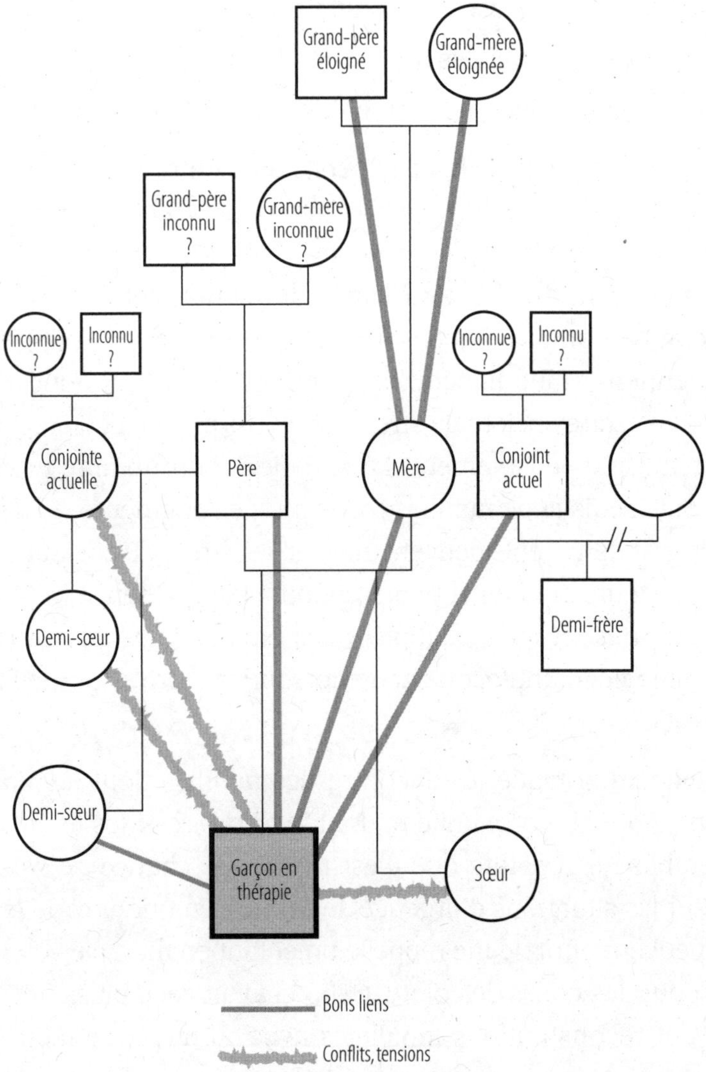

Preuve que le rôle et la présence des grands-parents sont nécessaires, il existe un site Internet («super-grands-parents») qui s'occupe de jumeler des petits-enfants qui n'ont pas de grands-parents ou en rupture de relation à des personnes âgées qui n'ont pas de petits-enfants.

Selon T. Berry Brazelton, pédiatre de renom et grand-père, « ce que les grands-parents peuvent offrir de plus important est un amour inconditionnel et désintéressé. Un grand-parent profite d'un bébé sans avoir à se soucier de la façon dont celui-ci se conduit ni du moment où il faut se montrer ferme. Après des années de véritable éducation, les grands-parents sont soulagés d'être simplement ceux qui apportent de l'amour et n'ont plus à penser à la discipline. Ils offrent également à l'enfant une continuité de comportements, de rythme de vie et de façons de faire qui, déjà, lui sont familiers. [...] Les grands-parents sont comme une prolongation des parents. Ils font voir aux enfants "le sommet des montagnes" ; ils transmettent les rêves et les ambitions d'une famille. Ma propre grand-mère m'a donné l'idée de devenir pédiatre. Elle disait toujours : "Berry s'y prend tellement bien avec les bébés." Je voulais lui faire plaisir, plus qu'à n'importe qui au monde, j'ai donc appris comment m'y prendre vraiment bien avec les bébés. Maintenant, j'entends sa voix chaque fois que l'on me fait ce compliment. Bien sûr, ma mère était jalouse de l'influence de ma grand-mère sur moi. Mais elle avait tort. J'avais besoin de toutes deux pour des choses différentes ».

Quel beau témoignage, n'est-ce pas ? J'aborderai plus loin la notion de conflits.

Être grand-père et être grand-mère, pareil ou différent ?

Qu'est-ce que le rôle de grand-père et le rôle de grand-mère ont de différent et de commun ? Comment chacun le vit-il ? En fait, le point commun entre grand-père et grand-mère semble être le sentiment de fierté face à la continuité de leur arbre généalogique. Voici le témoignage de Thérèse, une grand-mère : « C'est une grande fierté d'être grand-mère car je ne pensais pas que nous allions avoir des petits-enfants. C'est comme si, en ayant une descendance, nous allons être moins seuls... C'est la continuité de notre lignée.» Certains ont mentionné que le fait d'avoir plus de temps était ce qu'il y avait de plaisant dans le rôle de grands-parents. D'autres ont mentionné le plaisir de retrouver leurs propres enfants à travers leurs petits-enfants.

«Je suis une grand-mère plutôt joyeuse qui aime jouer avec eux [petits-enfants], faire des activités qui les intéressent. Je les écoute, je leur fais la lecture, je les fais parler! Leur grand-père est aussi très présent. Il fabrique pour eux des meubles pour leur chambre: lits, commodes, bureaux de travail, coiffeuses, maisons de poupées et même théâtre de marionnettes. Nous avons également créé un fonds pour financer les activités sportives, les voyages et les sorties, les instruments de musique, enfin toutes ces choses qui sortent un peu de l'ordinaire et qui demandent un certain dépassement de soi!»

Chez les grands-parents que j'ai rencontrés, les femmes assumaient davantage les soins d'hygiène et offraient une écoute à l'enfant, alors que les hommes s'impliquaient dans les jeux, les activités sportives et la construction en tout genre (meubles, jouets, maisons...) un peu comme dans le témoignage précédent. Il est intéressant de lire Ruth K. Westheimer[18] qui compare la grand-mère au ministre de l'Intérieur, axée sur le côté affectif, sur les relations entre les membres de la famille, alors que le grand-père ferait davantage office de ministre de l'Extérieur, considérant les relations de la famille avec le monde extérieur. Une grand-mère dit: «Je trouve que les pères sont plus présents aujourd'hui, ce qui fait que les enfants sont plus autonomes.» Ce qui m'amène à faire le parallèle avec la fonction maternelle et la fonction paternelle.

18. Ruth K. Westheimer, 2000.

Avez-vous déjà remarqué l'inquiétude d'une mère suppliant son conjoint de cesser de lancer l'enfant dans les airs ou de lui faire faire des cabrioles, des pirouettes? Il vous est peut-être arrivé aussi de voir des parents en désaccord sur l'achat d'un jeu pour l'enfant, la mère le trouvant «trop vieux» pour lui et le père, «trop bébé». Pourquoi est-ce ainsi?

Fondamentalement, dans les premiers mois de vie de l'enfant, c'est la fonction maternelle qui est nécessaire à l'enfant: la fusion pour deviner les besoins de l'enfant à partir du ressenti et les combler, soit l'amour, l'affection, la chaleur et la nourriture. Ici, je parle de «fonction», c'est-à-dire que les qualités de cette fonction peuvent aussi être très présentes chez un père, même si elles se trouvent surtout chez la mère. Par la suite, la fonction paternelle vient aider l'enfant à se décoller de la mère, à rechercher une certaine autonomie et indépendance; elle a comme qualité d'apprendre à l'enfant à patienter pour satisfaire ses besoins et désirs, à découvrir le monde extérieur et à apprendre les limites et les règles qu'impose la vie en société, à fouiller, à grimper ou à sauter en toute sécurité. La fonction des grands-parents peut aussi contribuer à la fonction paternelle, c'est-à-dire offrir une distance d'avec les parents en ayant un lieu différent mais en continuité avec la famille.

Pour un développement sain et équilibré chez l'enfant, il s'agit d'être capable de favoriser son évolution en assumant sa protection sans le surprotéger. L'enfant qui se sent en sécurité sans être surprotégé tend à être plus indépendant, à réagir mieux à la séparation, et démontre une plus grande estime de soi lorsqu'il entre à l'école. Laissez-vous guider par l'enfant, lui seul pourra vous dire ce dont il a besoin et jusqu'où il peut aller. Écoutez-le vous dire: «Moi tout seul, bon!», observez et évaluez ce qu'il pourra faire seul de ce qu'il pourra «Faire ensemble, d'accord!».

Exercice

Je vous propose un court exercice sur le développement de l'enfant et la fonction maternelle ou paternelle à adopter que vous pourrez faire avec votre conjoint ou conjointe, ou encore avec vos enfants devenus parents. Répondez par vrai ou faux aux questions suivantes; les réponses se trouvent à la suite.

1. Il est important de répondre aux besoins de base de l'enfant avant qu'il les exprime.
2. Surprotéger l'enfant, c'est lui tenir la main pour traverser la rue lorsqu'il a trois ans.
3. Pour stimuler l'autonomie de l'enfant, l'adulte peut lui demander d'essayer par lui-même avant de l'aider.
4. Il est aidant pour l'enfant que l'adulte l'incite à essayer de nouvelles choses (comme du vélo à trois roues), souligne ses efforts, l'aide à se relever s'il tombe et l'encourage à poursuivre.
5. Pour les enfants de 18 mois, il est plus sécuritaire de verrouiller toutes les portes d'armoires pour éviter qu'il fouille.
6. Pour un enfant de deux ans, il est préférable de lui interdire l'accès aux escaliers à la suite d'une chute.
7. C'est surprotéger l'enfant de cinq ans que d'exiger de sa part d'avertir s'il va jouer dehors ou lorsqu'il s'en va à la garderie.
8. C'est trop demander à un enfant de faire des tâches peu importe son âge (par exemple, mettre son napperon, ranger ses jouets, ajouter un ingrédient dans une recette, accrocher son manteau, ramasser un petit dégât).

Réponses

1. Faux. Plus l'enfant grandit, plus il a besoin de s'exprimer et d'avoir un certain délai dans la réponse de l'adulte à son besoin,

ce qui le poussera à vouloir grandir. Même les bébés ont un pleur différent qui exprime ce dont ils ont besoin.

2. Faux. À trois ans, la notion de danger n'est pas encore installée et l'enfant est encore beaucoup dans son jeu, ce qui peut l'amener à oublier les consignes de sécurité.

3. Vrai. En même temps, ça donne une idée où se situent les capacités de l'enfant. Il ne faut pas le forcer, mais l'accompagner et lui permettre des moments de régression où il a besoin de l'aide de l'adulte.

4. Vrai. Il est stimulant pour l'enfant d'être encouragé par l'adulte dans ses efforts et face à la nouveauté.

5. Faux. L'enfant de cet âge a besoin d'explorer, d'assouvir sa soif, de découvrir le monde. Il faut donc lui permettre un endroit ou une armoire sécuritaire où il pourra faire comme papa, maman, grand-papa, grand-maman.

6. Faux. Il est préférable de lui apprendre à monter et à descendre correctement les marches ou de l'amener dans des endroits (escaliers mous) où il pourra se pratiquer et améliorer ses capacités motrices.

7. Faux. Les adultes ont la responsabilité de savoir où est l'enfant, avec qui il se trouve et ce qu'il fait pour sa sécurité.

8. Faux. C'est très valorisant et ça augmente l'estime de soi de l'enfant, pour autant que la tâche n'exige pas la perfection mais plutôt le plaisir, le jeu et l'autonomie.

CHAPITRE 3

La communication

Pour des relations saines

Comme je l'ai mentionné précédemment, devenir grands-parents comporte des désirs de répétition tout comme de réparation de son propre rôle de parent qui pourraient facilement être projetés dans la relation avec les nouveaux parents.

L'expérience, qui est un des avantages du vieillissement, devrait idéalement être accompagnée de la sagesse et du respect du besoin d'autonomie et d'indépendance des nouveaux parents. Presque tous les grands-parents interrogés sur la question « Jusqu'où puis-je aller dans mes commentaires auprès de mes enfants dans leur rôle de parent? » ont répondu: « Pas très loin! » Ce qui veut dire que pour éviter toute ambiguïté et tout malaise dans la relation, ils préféraient ne pas faire de commentaires ni donner de conseils, sauf si les parents le demandent.

Voici ce que dit un grand-père: «À moins d'une demande de nos enfants, il ne faut jamais nous mêler de l'éducation de nos petits-enfants, de leur mode de vie ou de leurs affaires personnelles. Que ceux-ci vivent leurs propres expériences à leur façon. En suivant cette pratique, on évite toute possibilité de malentendu et de froid entre les familles. C'est ce que je retiens de mon expérience puisque du côté de mon père, séparé de sa deuxième femme, dans les premières années de notre mariage, il s'est permis de vouloir diriger notre vie à certaines occasions. Un bon jour, il a fait une remarque concernant le nombre d'enfants qu'on avait, c'est-à-dire trois enfants dont un par année. Mon épouse lui a finalement dit que ce n'était pas de ses affaires.»

Ainsi, cet homme se rappelle la frustration ressentie lorsque son père faisait des commentaires sur son mode de vie et ses décisions. De fait, c'est un jugement qui était porté sur ses choix d'homme et de couple en plein contrôle de leur vie. Ces commentaires peuvent avoir comme impact une lutte entre le père et le fils ou le couple et créer un éloignement par mécanisme de protection.

Chez les grands-parents, la tendance à donner des conseils aux nouveaux parents se fait souvent de façon consciente ou pas, avec la bonne intention d'éviter qu'ils répètent leurs propres erreurs ou pour ne pas qu'ils souffrent. Certes, l'intention est bonne mais le risque demeure le même. Par ailleurs, il est toujours plus facile de voir les choses de l'extérieur plutôt que de l'intérieur et, comme grands-parents, vous avez un œil extérieur et un rôle différent auprès des petits-enfants et des valeurs de vie qui divergent de celles des parents.

Je me rappelle les premières années de vie de mes enfants lorsque nous allions chez mes parents et que les autres petits-enfants étaient présents: gâteries et sucreries à profusion! Se produisaient alors des crises de larmes de mes enfants et des négociations avec mon conjoint qui était en total désaccord avec cette abondance. D'ailleurs, chez ses parents, c'était tout autrement car lorsque sa mère voulait donner des gâteries aux enfants, elle vérifiait toujours si nous étions d'accord. Bref, après de longues discussions, nous avons établi que les règles dans notre maison étaient différentes que lorsque nous étions en «visite chez grand-maman et grand-papa» et que les enfants étaient capables de faire la distinction, ce que mon conjoint craignait. Avec le temps, cette règle nous a donné raison puisque chaque visite se déroule maintenant dans l'harmonie; mes parents, qui ont également saisi la situation, font également plus attention en vérifiant à leur tour si nous trouvons que «c'est trop».

D'autres comportements chez les grands-parents qui risquent d'ébranler la relation avec les enfants sont de prendre la place du parent, de s'opposer aux règles ou encore de banaliser ou de ridiculiser ce que fait le parent. En voici un exemple: une grand-mère, sa fille et sa petite-fille participent à un voyage organisé d'une journée. La petite-fille demande à sa maman si elle peut avoir une gomme, mais celle-ci dit: «Non, pas maintenant.» Voyant la petite fille peinée, la grand-maman, assise à leurs côtés, sort un paquet de gommes et lui en donne une. La mère, offusquée, se fâche contre sa mère lui répétant ce qu'elle avait dit à sa fille. Et la grand-mère de répondre: «Ce n'est pas grave, c'est juste une gomme, ça ne durera pas longtemps, ne dramatise pas!» Comment ça s'est terminé? Chacune a boudé de son côté pour le reste du voyage. Dans ce bref récit, on peut remarquer une grand-mère touchée par la peine de sa petite-fille et qui cherchait à réparer cette tristesse. Toutefois, par son geste et par ses paroles, elle est venue défaire et banaliser l'intervention première de la mère sans vérifier son accord. Je ne connais pas leur histoire ni leur relation, mais je sais ce que ça peut créer: une frustration qui peut s'accumuler et créer une distance ou d'autres conflits.

Dans les premières années de vie du premier enfant, les parents sont à construire leur identité de parent, leur sentiment de compétence et leurs valeurs familiales (celles qu'ils gardent chacun de leur famille respective, celles qui entrent en conflit et les nouvelles à établir ensemble). Par conséquent, tout commentaire provenant de l'extérieur (et il y en a plusieurs, croyez-moi!) sur ses modes d'éducation ou sa façon d'intervenir auprès de ses enfants vient ébranler le jeune parent dans son sentiment de compétence. Par contre, si ces commentaires prennent la forme de question qui porte une réflexion et qui cherche la compréhension du comportement, ils peuvent être plus facilement reçus. Des phrases qui débutent par: «Crois-tu que...?», «On dirait que... qu'en penses-tu?», ou encore «J'ai l'impression que... et toi?» sont beaucoup moins menaçantes que des phrases donnant un ordre. Ces phrases suggèrent et font réfléchir tout en laissant le libre choix à l'autre d'accepter ou de rejeter le commentaire.

Je sais pertinemment que ce n'est pas simple non plus pour les grands-parents de garder cette distance et de réserver leur commentaire puisqu'ils sont un peu coincés par leur désir d'apporter leur aide et de faire partie de l'existence du petit-enfant. Toutefois, ils peuvent apporter leur aide différemment en donnant un répit aux parents qui en ont besoin; pas un répit imposé tel que: «Nous venons garder les petits, vous avez besoin de sortir, allez, allez!», mais plutôt «Auriez-vous besoin de répit? Nous serions disponibles à garder les enfants à tel moment». Une aide financière peut également venir soutenir les jeunes parents qui ont plusieurs obligations en même temps: enfants, hypothèque, carrière, travaux; par exemple, offrir une épargne-étude aux petits-enfants, payer un cours ou des articles nécessaires au quotidien ou, si le budget le permet, une partie d'un voyage à faire avec les grands-parents. Je suis persuadée que si cette aide est offerte sous forme de discussion, de suggestion ou de proposition en tenant compte de l'avis des parents, ceux-ci seront davantage ouverts et fort probablement bien heureux.

Les études en psychologie sociale nous apprennent que le réseau social et le sentiment d'avoir du soutien et d'être appuyé par ses proches constituent des indicateurs de bonne santé mentale. En ce sens, les premières années de vie parentale sont délicates. Ainsi, le soutien et l'appui peuvent être donnés par les grands-parents de par leur écoute bienveillante et sans jugement, par le partage de leur vécu de parent en axant sur la différence et non sur la meilleure façon de faire puisque, tout compte fait, la décision revient aux parents. L'écoute et le respect des grands-parents envers les nouveaux parents peuvent également contribuer à aider ces derniers dans leur sentiment de compétence parentale. Par exemple, lorsque le père ou la mère donne un inventaire de recommandations aux grands-parents concernant le petit, renseignements que savent déjà les grands-parents de par leur expérience, pourquoi ne pas répondre simplement par une écoute et un sourire approbateur plutôt que de s'en offusquer?

Nous savons tous que les grands-parents ont l'expérience des enfants mais, par les recommandations des parents, c'est une façon (et un besoin) de se rassurer eux-mêmes dans leur sentiment d'être un bon père et une bonne mère. Autre exemple où les grands-parents peuvent venir renforcer le sentiment de compétence parentale: lorsque le bébé, blotti dans les bras des grands-parents, se met à pleurer, ceux-ci peuvent dire simplement: « Tu as besoin de ton papa ou de ta maman... » et tendre l'enfant au parent plutôt que s'acharner à vouloir le consoler. Ou, à l'inverse, si le nouveau-né pleure dans les bras de ses parents et que ces derniers semblent désemparés, l'un des grands-parents aurait intérêt (pour lui et pour le parent) à ne pas prendre le bébé pour le consoler, mais plutôt à chercher des paroles de sollicitude envers le parent comme: «Ce n'est pas toujours facile au début de décoder les pleurs du bébé, mais on apprend à le connaître petit à petit...» C'est ainsi une façon de soutenir le parent dans son nouveau rôle et de laisser la place à chacun des protagonistes.

Un rappel aux grands-parents: avant de faire un commentaire au parent, vous auriez intérêt à vous rappeler comment vous agissiez lorsque vous étiez parent, à vous mettre à la place de votre fils ou fille et vous demander comment vous réagiriez si votre propre père ou mère vous l'avait dit. Comme ancien parent, vous pouvez également réfléchir sur ce que vous auriez eu besoin d'entendre de votre père ou mère pour que ça fasse du bien à votre propre enfant.

Un autre grand principe qui aide la relation est de faire sentir au parent qu'il est celui qui sait le mieux pour son enfant. Les interventions des grands-parents devraient viser la discussion plutôt que l'affirmation et aider les parents à se faire confiance dans leur rôle, un peu à l'image d'une maman oiseau qui regarde ses oisillons quitter le nid pour voler par eux-mêmes pour la première fois. Elle reste à distance de ses oisillons, mais les surveille et intervient au besoin seulement, lorsque le petit l'appelle.

Dans ma pratique, je vois des parents arriver avec plein de connaissances: ils ont tout lu sur le sujet qui les préoccupe face à leur enfant, ils ont plein de trucs en main et plusieurs ont été essayés. Ce sont donc des parents très renseignés mais très anxieux et manquant de confiance en eux, surtout par la très grande quantité d'informations venant de partout (parents, amis, sites Internet, professionnels, télé, magazines, journaux, etc.). Ce que je fais souvent avec ces parents, c'est de les «décoller du manuel d'instructions» et de les recentrer sur eux, sur leurs croyances et sur leurs instincts, de leur redonner confiance en eux et en leur pouvoir, ce qui a pour effet de voir leur situation s'améliorer grandement à la fin des rencontres. Alors, pourquoi ne pas faire de même en tant que grands-parents auprès de vos enfants dans leur rôle de parent? Devenir les témoins du développement de parent et en être fiers!

Un dernier critère digne de mention consiste à tenter d'établir une relation de confiance avec les parents, ce qui n'est pas toujours aisé de par la nature des relations ainsi que les conflits possibles (voir à ce sujet la prochaine rubrique). D'ailleurs, il faut davantage faire attention à la relation avec les grands-parents paternels. En effet, une étude longitudinale sur les enfants et les jeunes (ELNEJ) confirme que les deux critères qui déterminent la relation entre grands-parents et petits-enfants sont la proximité et les liens familiaux. Les grands-parents vivant à proximité et les grands-parents maternels sont souvent en relation plus étroite avec leurs petits-enfants. C'est ce que je constate dans ma pratique, comme si la continuité familiale passait par la mère. Par contre, peu importe que ce soit la lignée maternelle ou paternelle, le lien sera d'autant plus fort si les parents choisissent de faire une place aux grands-parents soit en parlant d'eux souvent et positivement aux petits, soit en favorisant le contact direct et les échanges téléphoniques ou autres (courrier, courriel, webcaméra, etc.). Les parents ont donc un rôle important à jouer auprès des petits pour faire une place aux grands-parents.

En tant que parent, je considère que la présence des grands-parents auprès des petits-enfants leur apporte tellement qu'il serait égoïste de les en priver, même lors de conflit. Il est certain que si les grands-parents demeurent indifférents face aux petits-enfants ou aux parents, s'ils critiquent les parents ou se mêlent des histoires entre parents et enfants, la relation avec les parents se trouve fortement ébranlée et ces derniers auront le choix d'espacer les visites.

Les grands-parents pourront toujours se lancer dans un combat contre les parents et faire intervenir la loi, mais ce n'est pas les meilleures conditions de vie ni le meilleur modèle pour les petits-enfants.

Des conflits?

Il y a un conflit dans l'air? Vous vivez des difficultés avec votre gendre ou votre bru? Ou bien le conflit se passe entre les parents? Il se peut aussi que ce soit entre les parents et l'enfant. Selon une étude de Segalen, 32 % des grands-parents sont en désaccord avec l'éducation donnée aux petits-enfants, ce qui peut facilement créer des conflits. Essayons de comprendre ensemble ce qui peut se passer, puis tentons de trouver des moyens pour y remédier ou, du moins, de composer avec la situation sans que ce soit une guerre.

Conflit entre les grands-parents et le parent

Plusieurs raisons peuvent expliquer les conflits entre votre gendre ou votre bru et vous. Si ces conflits étaient présents avant l'arrivée des petits-enfants, il est possible que ce soit une rivalité œdipienne qui se soit installée, c'est-à-dire l'impression de perdre votre place auprès de votre enfant dont le conjoint ou la conjointe, bien différent de vous, possède tous les défauts du monde! Une dame qui me parlait de sa belle-fille en la critiquant a fini par me dire de son fils: «Je l'aime tellement! Je suis presque amoureuse de lui!» Une autre m'a dit être jalouse de sa belle-fille qui est venue lui «prendre» son seul fils. Il y a aussi ce père qui trouvait toujours à redire sur le *chum* de sa fille, en soulignant qu'il n'existe pas un homme à la hauteur de celle-ci et qui finit par dire à la blague: «Ça lui en prendrait un comme moi!»

Dans ces situations, on sent bien la difficulté à accepter qu'une autre personne s'installe entre l'enfant adulte et le parent devant faire le deuil de l'exclusivité. Parfois, c'est un peu l'inverse: le conflit prend place entre le parent et l'enfant adulte, le *chum* ou la blonde devenant un être idéalisé aux yeux du parent. Peu importe l'origine du conflit, dès qu'il y a trois protagonistes en jeu, dont un est aimé et l'autre est rejeté, nous parlons de conflit œdipien. Dans ces cas, la première chose à faire est d'en prendre conscience.

À partir de ce moment, la bonne distance pourra alors s'établir : vous pourrez prendre du recul et une distance face au couple, faire le deuil du rôle que vous aviez auprès de votre enfant en acceptant que la relation soit modifiée et accepter de laisser une place au nouveau venu. Évidemment, les petits-enfants viennent aider à cette distance, puisque les grands-parents ont un rôle différent, peuvent mettre l'accent sur la relation avec les petits qui ressemblent peut-être à son père ou à sa mère lorsqu'il était enfant. Comme exercice, vous pouvez mettre sur papier le rôle que vous pensez que chacun peut occuper ainsi que les actions possibles de chacun : grand-mère, grand-père, mère, père, petit-enfant.

Parfois, c'est du gendre ou de la belle-fille que vient le conflit. Puisque les beaux-parents représentent des figures maternelles et paternelles, le gendre ou la bru peuvent projeter sur eux des sentiments hostiles et agressifs qui n'ont jamais pu être vécus avec leurs propres parents. Malheureusement, dans certaines situations, c'est au détriment des petits-enfants que le conflit éclate, en ce sens que parfois les parents les privent de l'amour de leurs grands-parents. Devenir gendre ou bru, c'est accepter la différence, respecter le vécu différent de la belle-famille, leurs expériences, leurs traditions et leurs habitudes de vie souvent fort différentes ; d'ailleurs, pour certains d'entre eux, ça peut se traduire par des conflits à long terme.

Je pense à une famille que j'ai reçue en consultation : le père était près de sa famille (il travaillait dans la compagnie familiale) et la mère avait accumulé plusieurs frustrations non exprimées face à sa mère et à son père et qui ont été réactivées par les commentaires faits à son égard par ses beaux-parents. Le conflit a dégénéré au point qu'elle n'a plus voulu côtoyer les beaux-parents, son conjoint devant y aller seul avec ses enfants tout en vivant de grandes discussions avec sa conjointe à son retour. En prenant conscience de ses sentiments et de son vécu, la mère a finalement accepté de côtoyer la belle-famille pour ses enfants tout en gardant une distance relationnelle, en bouchant ses oreilles et en fermant ses yeux sur les aspects qui pouvaient la déranger.

Un peu comme la situation précédente, un fils ou une fille devenu parent mais restant très attaché (ou accroché) à ses parents peut compromettre sa vie de couple et de famille. Une dame qui est venue me consulter à la suite de sa séparation d'avec son conjoint me raconte son histoire de couple depuis la naissance de ses enfants. Elle était très proche de ses parents, ce que son conjoint lui reprochait souvent. Puisque ses parents demeuraient à deux maisons de chez elle, ils venaient régulièrement, sans avertir et pour différentes raisons: prendre un café, faire des travaux dans la maison et sur le terrain pour «aider», venir jouer avec les enfants, s'occuper d'eux, etc. Il arrivait même à cette dame, après avoir demandé à son conjoint de peindre un mur de la maison et voyant le manque de rapidité à exécuter la tâche, de le faire faire par son père. Quelle blessure à l'orgueil masculin du conjoint! Après plusieurs discussions de couple concernant cette situation et voyant que madame expliquait que ses parents étaient de bonne foi, le conjoint, ne se croyant plus à la hauteur de la situation, a décidé de céder sa place de père et de conjoint aux parents qui ont amplifié leur présence «nécessaire» auprès de madame devenue monoparentale.

Dans ces cas où l'enfant reste «collé» à ses parents et que ceux-ci en prennent conscience, ils peuvent aider leur enfant dans sa vie de couple en lui permettant une distance, et même en la favorisant. Dans l'histoire précédente, le grand-père aurait pu suggérer à sa fille de régler la situation avec son conjoint avant d'entreprendre des travaux ou proposer de les faire avec son gendre. Les grands-parents auraient pu également appeler avant d'aller chez leur fille. Discuter ensemble (les quatre) de la place que chacun doit occuper, des limites et du territoire de chacun aurait pu être bénéfique. Parfois, l'aide d'un professionnel pour voir clair dans les situations familiales peut aider grandement et éviter des séparations.

D'autres raisons plus ou moins conscientes peuvent venir brouiller les relations entre parents et enfants adultes. Rappelons, entre autres, que certaines transitions peuvent venir solliciter les capacités d'adaptation et accentuer les tensions familiales; par exemple:

- l'arrêt des activités professionnelles et l'adaptation à la retraite;
- le syndrome du nid vide (le départ du dernier enfant de la maison) en même temps que le nouveau statut de grands-parents;
- le rejet d'un nouveau gendre ou d'une nouvelle bru, ou le regret d'un autre peut-être;
- le désir de choisir à la place de ses enfants « toujours pour leur mieux »;
- le désir des grands-parents de s'approprier le petit (par exemple, celui qui fait des gestes qui vont à l'encontre des parents: couper les cheveux du petit, lui retirer la sucette, lui donner à manger, etc.);
- la compétition pour celui qui fera le plus vite obéir le petit ou encore pour être celui qui sera le plus aimé du petit;
- les commentaires désobligeants de la part des grands-parents face à l'arrivée d'un deuxième, troisième ou quatrième enfant

montrant ainsi leur difficulté à accepter que leurs descendants fassent autrement ou aient plus d'enfants qu'eux, et cachant peut-être leur désir d'une grande famille;

- rester «campé» sur la bonne vieille méthode comme la seule et bonne façon de faire.

Un élément important à se rappeler lorsqu'il y a un conflit entre les parents et les grands-parents, c'est de ne pas prendre les petits-enfants en otage. Les grands-parents doivent s'abstenir de parler du parent ou des grands-parents à l'enfant, tout comme les parents envers les grands-parents. Il est préférable de dire à l'enfant qu'il n'est pas responsable de la dispute, que ce n'est pas de sa faute, que ses parents et grands-parents seront toujours ce qu'ils sont, malgré la chicane, et que tous continueront à l'aimer. Lorsque le petit se trouve avec ses grands-parents, ceux-ci devraient éviter de le questionner sur ce que les parents disent d'eux et miser plutôt sur le plaisir de se voir même s'il y a des chicanes d'adultes.

Au risque de me répéter, l'idéal est de trouver la distance nécessaire qui permet à chacun d'occuper son rôle et sa place. Rappelons qu'il n'y a pas de recette ou de modèle unique d'un bon père et d'une bonne mère. C'est plutôt à chaque couple de trouver sa propre identité familiale, chacun ayant son histoire et trouvant un terrain d'entente avec l'histoire et le passé de l'autre. Il appartient aux grands-parents de respecter ce terrain d'entente et de permettre l'unité et l'unicité du couple et de ses enfants dans le meilleur intérêt de tous. Les grands-parents peuvent aider les parents dans la recherche d'une meilleure connaissance de leur bébé, dans le développement de la confiance en leur compétence de parent. «Le présent ouvre un futur en s'appuyant sur le passé, mais ce passé doit rester à sa place sans chercher à envahir le présent[19].»

19. Natanson, 2007.

Conflits entre les parents et séparation

Selon l'échelle de stress chez l'adulte, après le décès, viennent le divorce et la séparation[20]. Dans les années 1940 et 1950, un enfant avait 80 % de chances d'être élevé par ses deux parents, comparativement à 50 % aujourd'hui[21]. Il n'est pas étonnant que les grands-parents s'inquiètent lorsqu'il y a orage dans l'air entre les parents. C'est dans ces moments que les grands-parents peuvent être une oasis de paix pour les petits-enfants et assurent une certaine stabilité et un amour inconditionnel, en même temps qu'ils ont à s'adapter aux changements de la famille traditionnelle aux familles monoparentales et recomposées, aux enfants des conjoints de leurs enfants et à la distance qu'impose une séparation d'avec les petits-enfants. Ouf! Pas toujours facile, n'est-ce pas?

Un des grands principes, lorsqu'il y a un conflit non réglé entre les parents à la suite de leur séparation, est de protéger les enfants en les tenant à distance et en ne les impliquant pas pour éviter qu'ils se sentent coincés entre les deux et doivent prendre partie pour un clan. La sagesse des grands-parents pourrait être d'écouter simplement les petits dans leur vécu face à la séparation ou aux conflits sans prendre partie pour le père ou la mère, ni jugement, bref, tenir sa langue! Ce qui aura comme effet que l'enfant se sentira en confiance et aura un lieu d'accueil face à ses émotions. Si l'enfant sent que les grands-parents portent un jugement sur l'un de ses parents et est inéquitable, il ne fera que se replier sur lui-même et tentera de trouver un autre confident.

Voici le témoignage d'un grand-père: «Lors d'une séparation, nous aimerions aider le plus possible. Il faut éviter d'attiser le feu entre le père et la mère, c'est-à-dire nous mêler de nos affaires, apporter notre soutien aux parents et le plus d'affection possible

---

20. Parent, 2008.
21. Edwards et Sterne, 2007.

aux petits-enfants qui vivent un énorme dérangement et la crainte de perdre leurs parents. On peut les comparer à des orphelins, c'est pourquoi ils ont besoin de beaucoup d'amour. Les parents aussi ont besoin d'amour et il faut le leur démontrer. On doit également leur rendre service et garder les enfants lorsque c'est possible.»

En effet, la fille ou le fils qui vit le conflit ou la séparation aura également besoin d'aide. Si vous étiez très près de votre gendre ou bru, il vous sera sûrement plus difficile de soutenir votre enfant et d'écouter sa peine. Il serait sage de mettre vos limites et de l'inviter à en parler à ses amis ou à des professionnels qui pourront l'écouter de façon plus neutre que vous. Peut-être même voudrez-vous garder contact et continuer à voir votre ex-gendre ou ex-bru, du moins dans les premiers temps. C'est une possibilité, pour autant que le conflit reste en dehors de vous, que vous ne vous fassiez pas prendre par les commentaires négatifs que pourrait se lancer le couple séparé. Chose certaine, la séparation d'un couple bouleverse plusieurs personnes: le couple, les enfants, les grands-parents et leur entourage. Ce qui rapproche les enfants et les grands-parents dans le vécu émotif de la séparation, c'est qu'ils assistent de façon impuissante à ce drame. Les grands-parents peuvent aider le petit (et s'aider par le fait même) en lui faisant voir qu'il possède à l'intérieur de lui ses deux parents réunis, ceux qui ont permis qu'il soit vivant et ceux qui l'ont construit, qui ont fait de lui ce qu'il est aujourd'hui, ce qui pourra aider à rendre plus tolérable l'intolérable de la situation.

Voici quelques points à retenir pour les grands-parents qui désirent aider leurs petits-enfants au moment de la séparation des parents:

- Restez en contact avec vos petits-enfants, ce qui va leur apporter un sentiment de sécurité et de stabilité;

- Cherchez à être le plus neutre possible face à la séparation lorsque vous êtes en contact avec vos petits-enfants. Vous pouvez toujours en parler à un professionnel pour vous aider à ne pas exprimer vos émotions sur la situation aux petits;
- Essayez, dans la mesure du possible, de maintenir une bonne relation avec les deux parents;
- Essayez de rester à l'écoute et sans jugement face à ce que peuvent vivre affectivement vos petits-enfants, à travers leurs paroles, leurs dessins, leurs jeux, endroit privilégié d'expression des enfants. Différentes émotions peuvent ressortir: tristesse, colère, rage, désir de protéger un des parents, crainte de trahir l'autre parent, désir de réunir à nouveau le couple parental, demande d'exclusivité face à un parent, peur d'être abandonné à son tour, prisonnier des confidences et de la peine d'un ou des deux parents, etc. Souvent, les enfants se sentent responsables et coupables de la situation, alors vous pourrez ramener la réalité des adultes en leur précisant que ce n'est pas de leur faute et que c'est plutôt entre le père et la mère que ça ne fonctionne plus;
- Continuez de parler en bien du parent absent car l'enfant a besoin de ses deux parents pour construire son identité, à partir de ses origines;
- Laissez le petit parler de ses deux parents, de comment il vit chez chacun d'eux, ses souvenirs lorsqu'ils étaient tous ensemble, et ce, sans intervenir;
- Continuez à mettre en contact l'enfant avec les autres membres de la famille (cousins, tantes, oncles) avec lesquels il était lié avant la séparation, d'autant plus si l'enfant est unique et vit avec un seul parent. Cela va l'aider à se «décoller» de son parent et favoriser son ouverture sur le monde;

- Toutes les attitudes décrites précédemment pourraient être reprises pour parler du parent séparé. Aidez-le, soutenez-le dans la mesure du possible, sinon envoyez-le consulter un professionnel au besoin;
- Puisque c'est souvent difficile à nommer avec des mots, l'enfant exprime ce qu'il vit dans ses comportements: opposition, crises, difficultés scolaires, agressivité, hyperactivité, somatisation, provocation, revendication, diminution ou augmentation de l'appétit ou du sommeil, etc. Voyez ces comportements comme des moyens d'expression de quelque chose de difficile à nommer et qui requièrent probablement une aide. Alors, parlez ouvertement avec les parents des faits, de ce que vous voyez, vous qui êtes un peu plus extérieur à la situation et peut-être plus sensible au vécu de l'enfant.

Lorsqu'une famille se recompose

On parle de familles recomposées lorsque, dans un foyer, un conjoint (ou les deux) a au moins un enfant issu d'une union précédente. Ce phénomène ne date pas d'hier si l'on pense aux décès prématurés d'époux (d'épouses) dont les veufs (les veuves) se remariaient; ou encore dans les contes d'enfants, par exemple Blanche-Neige et Cendrillon qui avaient une belle-mère exécrable. Par contre, ce phénomène est beaucoup plus fréquent de nos jours (voir la rubrique «Quelques statistiques», au chapitre 1); compte tenu de tous les divorces et séparations, un enfant sur six vivrait dans une famille recomposée[22]. Alors, la famille s'élargit au fur et à mesure qu'elle se recompose. Certains sont grands-parents de plusieurs petits-enfants issus d'unions différentes et commencent à les connaître lorsqu'ils atteignent leur adolescence. Ou encore, vous-même pouvez être divorcé et choisir un nouveau conjoint

22. Edwards et Sterne, 2007.

qui est grand-père ou grand-mère. Ainsi, certains petits-enfants peuvent avoir jusqu'à huit couples de grands-parents et encore plus d'arrière-grands-parents, ce qui complexifie les relations et peut devenir mélangeant dans la tête des petits. Les grands-parents biologiques ne sont peut-être pas ceux qui sont considérés comme les « vrais » grands-parents aux yeux des petits-enfants. Cela peut en outre créer de la compétition entre les grands-parents qui veulent être les meilleurs et les plus appréciés en donnant exagérément, ce qui n'est pas le meilleur exemple à offrir aux enfants.

Voici quelques conseils aux grands-parents dans les familles recomposées.

- Vous ne pouvez aimer de façon égale et pareille tous les petits-enfants pour plusieurs raisons. il est plus facile de développer une relation avec de très jeunes enfants de même qu'avec ceux avec qui vous partagez des affinités et intérêts, avec ceux que vous fréquentez plus souvent et selon la façon qu'ils vous considèrent. Toutefois, cela peut devenir plus difficile si les petits vous renvoient l'image d'une relation antérieure vécue négativement (par exemple, par leur comportement, ils peuvent faire penser au conjoint avec qui vous avez vécu des conflits puis une séparation) ; si les grands-parents ont envers les petits-enfants certaines exigences, comme de l'affection et de la reconnaissance plutôt que de leur offrir un amour inconditionnel. Oui, vous pouvez aimer différemment tous vos petits-enfants tout en donnant équitablement et en axant sur les différences de chacun.
- Laissez le temps à l'enfant d'apprivoiser les nouvelles relations, sans exiger d'être appelé ou considéré comme mamie, papie, grand-maman, grand-papa. Il en va de même avec les nouveaux cousins, cousines, oncles, tantes. Le petit peut se montrer réservé

avec cette nouvelle famille, avec raison peut-être! Laissez-lui du temps et favorisez son intégration.

- Considérez les relations existantes dans la famille biologique entre les grands-parents et les petits-enfants en ne cherchant pas à prendre leur place. Vous pouvez même vous informer auprès des petits des autres grands-parents.
- Évitez tout jugement ou critique sur l'autre famille de l'enfant pour ne pas le coincer dans un conflit de loyauté. Si vous êtes en désaccord, mieux vaut vous taire, à moins que ce ne soit quelque chose de blessant pour l'enfant; à ce moment, vous pouvez nommer ce que peut vivre l'enfant tout en respectant l'adulte. Par exemple, si le père ne tient pas promesse à l'enfant et que celui-ci vous en parle, dites-lui quelque chose comme: «Ça doit te décevoir. Moi aussi, je serais déçu. Ton père doit avoir une bonne raison d'agir ainsi. Tu pourrais peut-être lui en parler la prochaine fois?» Dans cette phrase, vous nommez l'émotion, vous sympathisez avec l'enfant, vous respectez le père et vous invitez l'enfant à s'ouvrir pour comprendre. Dans certains cas où il y a négligence ou rejet d'un parent envers l'enfant, vous ne pouvez que nommer l'émotion de l'enfant, puisque la communication ne peut aller plus loin.
- Considérez et respectez le rôle de chacun: père, mère, beau-père, belle-mère, ex-conjoint. Chacun a sa place bien à lui auprès du petit et chacun évite de régler ses comptes par enfant interposé. Ne dites pas à l'enfant des phrases telles que: «Il ne changera pas, il n'a jamais tenu ses promesses!», «Avec ses histoires de famille, pas étonnant que ta belle-mère agisse ainsi!», etc.
- Ne vous sentez pas visé lorsque l'enfant vous dit: «Chez mon autre mamie [chez papa ou un autre], ça ne fonctionne pas comme ça et elle me permet ça...», car l'enfant a à apprendre la différence.

- Soyez à l'écoute et cherchez à comprendre ce que peut vivre l'enfant dans son nouvel environnement familial sans vous ingérer ni questionner telle une enquête.

- En plaçant vos besoins d'affection et de considération en second plan, essayez de voir avec l'enfant comment il vous voit, comment il considère votre rôle auprès de lui en lui demandant simplement ce qu'il attend de vous, ce qu'il aimerait que vous fassiez, etc.

- Pour une relation de qualité, créez des moments de plaisir et de rire avec le petit au lieu de chercher à « acheter » son amour. Souvent, lorsqu'on demande au petit ce qu'il a le plus aimé, il fait ressortir les simples moments de plaisir plutôt que les extravagances.

- Faites preuve de patience et de don de soi. L'enfant peut être pris dans un conflit de loyauté, entre s'attacher et aimer le nouveau conjoint tout en continuant à aimer son père (sa mère). Il peut vivre les mêmes sentiments face aux grands-parents. C'est donc avec votre amour sans condition ni attente qu'il s'attachera peu à peu à vous.

- La rupture rapide avec un nouveau partenaire affecte l'enfant qui s'est peut-être déjà attaché ou identifié à lui. Essayez de considérer cette perte auprès du petit en vérifiant s'il s'en ennuie, s'il lui manque, etc.

- Tout problème de comportement ou changement de comportement chez l'enfant peut être vu comme un appel à la compréhension de ce qu'il vit intérieurement dans une situation. Parlez-en aux parents.

Pour en savoir plus lors d'une séparation, vous pouvez consulter le guide *Parce que la vie continue, aider les enfants et les adolescents à vivre la séparation et le divorce* offert gratuitement par Santé

Canada en appelant au 613 954-5995 ou par Internet au http://www.promotionsantementale.com. Si vous côtoyez une famille recomposée et désirez en connaître davantage, lisez *Vivre en harmonie dans une famille recomposée*, traduit par Florine Collin, aux Éditions Saint-Martin.

Témoins des conflits entre les parents et l'enfant

Josée: «Éloie! Je t'ai déjà demandé trois fois de ne pas sauter sur le canapé de ta grand-mère! Si tu le refais une autre fois, tu devras aller réfléchir.»

Éloie ignore les paroles et continue, avec un léger sourire de plaisir.

Josée: «Je compte jusqu'à trois pour que tu descendes de là... Un... deux... trois... Bon, va en réflexion!»

La mère prend l'enfant par le bras et le retire dans le coin réflexion tandis qu'il résiste en criant. La grand-mère tente de dédramatiser en disant à sa fille de laisser faire, que ça ne la dérange pas tant que ça. Mais la mère ignore et se bat contre son enfant, alors que la grand-mère regarde la scène avec malaise, impuissance et peine pour ce petit.

Cette scène vous dit quelque chose? Évidemment, qui dit éducation des enfants dit conflits et confrontations. Souvent, lorsque les grands-parents sont là, ça se complexifie (et les grands-parents vous diraient que c'est lorsque les parents sont là!). D'ailleurs, une grand-mère le confirme: «Ce qui est drôle, c'est que nos petits-enfants agissent différemment avec nous, grands-parents, lorsqu'ils sont en présence ou non de leurs parents.»

L'enfant peut ressentir les conflits ou les tensions existant entre les parents et les grands-parents et y réagir avec indiscipline. Parfois, c'est que l'enfant veut vérifier les limites et les réactions de chacun. À d'autres moments, c'est tout simplement parce que les règles sont différentes lorsque les parents sont absents et qu'il est bon de faire ce qu'on veut chez les grands-parents. Peu importe les raisons, lorsque la discipline doit se faire en dehors de la maison et en présence d'autres personnes, c'est toujours plus dérangeant. Et ça l'est inévitablement pour les grands-parents qui préfèrent, de façon générale, l'harmonie au conflit.

Souvent, les grands-parents sont moins sévères que les parents parce qu'ils ne font plus de discipline auprès des enfants et parce qu'il leur est un peu plus facile de s'identifier à la peine de l'enfant. Dans ces moments, le malaise vécu par les grands-parents témoins de la scène est plus grand, comparativement à certains qui auraient tendance à rester plus sévères. Notez qu'il existe des grands-parents qui demeurent sévères (comme leur vécu) ou qui ne veulent pas que leur environnement soit dérangé pour diverses raisons (enfance souffrante, parents et grands-parents n'aimant pas les enfants, déconsidération pour l'enfant, maladie, difficulté d'adaptation, etc.).

Comment peut réagir le témoin du conflit pour préserver les relations intactes ? Voici quelques suggestions.

- Surtout, tentez de rester en dehors du conflit, ne prenez partie ni pour le parent ni pour l'enfant.
- Le malaise que vous ressentez vous amène à vouloir intervenir ? Essayez alors de changer de pièce, de vous occuper à autre chose pour vous couper de ce qui se passe entre le parent et l'enfant. Évidemment, ignorer est de mise, à moins que le petit ne soit en danger. À ce moment, vous devez intervenir pour arrêter l'escalade.
- Vous êtes en désaccord avec le parent ? Prenez un peu de recul et rappelez-vous le temps où vous étiez vous-même parent et la façon dont vous auriez aimé que vos parents agissent.

- Protégez l'enfant en évitant que le conflit devienne celui de son parent et de ses grands-parents; par exemple, il serait préférable que vous ne critiquiez pas le parent («Tu exagères!», «Ce n'est pas grave, c'est juste une petite gâterie!») lorsqu'il est sous le coup de la colère, sinon il risque de se fâcher contre vous plutôt que contre son enfant.
- Donnez du soutien au parent en lui montrant votre compassion par une phrase comme: «Ce n'est pas toujours facile le rôle de parent...»
- Évitez de prendre la place du parent et répétez en vous-même qu'il est celui qui sait le mieux pour son enfant et qu'il apprend son rôle de parent tout comme vous l'avez fait, surtout par essais et erreurs.
- Vous pouvez aussi prévenir le conflit en nommant ce que l'enfant cherche à faire. Dans l'exemple précédent, la grand-mère aurait pu dire à l'enfant après le second avertissement: «On dirait que tu cherches l'attention de ta maman (ou notre attention). Voudrais-tu qu'on fasse quelque chose tous ensemble?» et le diriger vers une source acceptable de non-conflit ou un moment où vous pourrez lui accorder votre attention.
- Lorsque la tempête est calmée, que vous avez un moment seul avec le parent et que ce dernier aborde le conflit vécu ou vous demande votre avis sur la situation, vous pouvez donner votre point de vue en faisant attention de préserver et d'aider à la construction de la compétence parentale. Vous pouvez également aborder le sujet mais avec certaines précautions et certains principes de communication pour conserver la relation; les voici.
  1. Apporter des nuances: «Tu sais, quand j'étais parent, c'était fort différent, alors il est difficile de comparer ou de me

mettre vraiment à ta place. Par contre, je pense que... mais c'est toi qui sais. »

2. Suggérer plutôt qu'imposer une idée : « Crois-tu que... », « On dirait que... qu'en penses-tu ? », « J'ai l'impression que... ». Habituellement, ces formulations sont moins menaçantes et mieux reçues.
3. Réfléchir ensemble sur l'éducation passée et celle présente en voyant les différences plutôt que la meilleure attitude à avoir.
4. Écouter le parent, dans sa position et dans ce que ça lui fait vivre.
5. Ramener ses bons coups et lui dire qu'il est un bon parent qui cherche à faire ce qu'il y a de mieux avec son enfant (sans lui dire que c'est ce que vous avez cherché à faire vous-même puisque ça amène une comparaison et avive une rivalité).
6. Dédramatiser la situation en amenant un peu d'humour ou en vous rappelant comment votre enfant vous a fait vivre la même situation de par son caractère.

Un jour, je devais faire un peu de discipline avec ma fille de quatre ans qui s'opposait alors que j'étais chez ma mère. Moi et ma mère avions déjà parlé de ce trait de caractère de ma fille qui me ressemble beaucoup au même âge. Durant le conflit, ma mère me jette un regard complice avec un sourire en coin. Le non-verbal de ma mère, humoristique et communicateur, m'a fait sourire et je lui ai dit : « Ça te rappelle quelque chose ? On dirait bien qu'il y a une petite vengeance dans l'air ! » Et nous avons ri ensemble, ce qui a eu pour effet de dédramatiser la situation et créer du plaisir tout en diminuant l'opposition.

«Je les aime tous également!»

«Lorsque j'ai appris que je serais grand-mère pour la première fois, j'avais 56 ans. C'était l'enfant de ma fille. Nous avions déjà une petite-fille du côté de mon conjoint et je l'aimais beaucoup. Je me demandais si je pourrais aimer autant les autres petits-enfants... J'ai vite compris que l'amour, ça se multiplie!»

Ce témoignage montre bien comment l'amour est sans fin. Par contre, c'est une utopie de croire que les grands-parents aiment tous leurs petits-enfants pareillement. C'est oublier que chaque être humain est unique. Il est possible d'aimer tous ses petits-enfants mais pas de la même manière; la relation à chacun d'eux est différente selon la personnalité du petit, s'il est un garçon ou une fille, s'il fait beaucoup de charme à ses grands-parents, contrairement à celui qui refuse d'aller vers ses grands-parents ou qui ne se laisse pas approcher, etc.

Il arrive fréquemment qu'un des grands-parents développe un lien privilégié avec un de ses petits-enfants puisque ce dernier lui renvoie également ce lien; il n'a pas à se sentir coupable de cela, mais il devra faire plus attention pour ne pas négliger les autres ou émettre des commentaires blessants en présence des autres petits qui pourraient se sentir rejetés. De la même manière que de comparer les enfants entre eux peut être très blessant. Il est préférable de miser sur les points forts et les différences de chacun. Par exemple, lorsque les petits cherchent à se comparer entre eux, les grands-parents peuvent dire: «Tu vois, tu sembles être habile dans cette activité [comme le soccer] et lui l'est plus dans autre chose [comme le calcul mental, les mathématiques, etc.]. Vous êtes différents, et c'est tant mieux! Je n'en aime pas un plus que l'autre parce qu'il est meilleur dans une activité!»

Les grands-parents peuvent être équitables envers leurs petits-enfants sans être égaux, puisque l'amour et les relations ne sont pas mathématiques, divisés en parts égales. L'équité est l'acceptation des qualités uniques de chaque enfant et de la diversité du besoin en fonction du moment présent. En gardant en tête le souci de justice et de vérité, les grands-parents sauront être équitables envers leurs petits-enfants.

Prenons l'exemple d'une tarte à partager entre les petits-enfants : allez-vous donner un plus gros morceau à celui avec qui vous avez un lien privilégié ou un morceau égal à chacun ? Si les petits vous disent : « Il a un plus gros morceau que moi ! C'est certain parce qu'il est ton préféré ! » et que vous vous sentez coupable d'avoir une relation privilégiée avec celui qui a un plus gros morceau, vous allez alors tomber dans leur piège et créer des rivalités entre eux. Toutefois, si vous êtes conscient de cette relation privilégiée, vous leur répondrez sur un mode équitable : « C'est le hasard qui décide, parfois c'est lui qui a un plus gros morceau, parfois c'est toi, tout dépend de chaque moment ! Cette fois-ci, ça semble être lui mais la prochaine fois, ce sera peut-être toi. » Nous pouvons utiliser cet exemple pour l'appliquer à d'autres situations où il y a parfois un des petits qui a plus besoin de la présence de ses grands-parents et à d'autres moments, ce sera un autre. Ça fait partie de la vie, ça change et c'est inégal selon les cas.

Charte des droits des grands-parents : limites, humour et droits

Pour un meilleur équilibre, voici quelques droits des grands-parents :

1. Refuser d'être des gardiens pour leurs petits-enfants ; ce n'est pas égoïste, mais c'est plutôt se respecter si tel est son désir ;
2. Dire non et mettre les limites qu'ils désirent face aux petits-enfants et à leurs enfants dans leur propre maison (jouets,

rangement, tenue à la table, heures d'arrivée et de départ, s'informer à l'avance pour les visites, horaire de la télévision ou ordinateur, etc.);

3. Ne pas discipliner leurs petits-enfants, surtout en présence des parents;
4. Se laisser aller à rigoler et à faire des folies d'enfant avec leurs petits-enfants;
5. S'informer auprès de leurs enfants sur les récompenses et les cadeaux à remettre aux petits-enfants;
6. Ne pas savoir comment fonctionnent les sièges d'auto pour enfants, les parcs, les poussettes, etc.;
7. Ne pas être au courant de toutes les nouveautés;
8. Ne pas tout donner aux petits-enfants, même sur le plan financier;
9. Voir et être en contact avec chacun de ses petits-enfants;
10. Se servir de la loi seulement en dernier recours.

De façon plus sérieuse et d'un point de vue juridique, les grands-parents ont des droits et devoirs envers leurs petits-enfants, dont une obligation alimentaire pour leurs petits-enfants dans le besoin. Ils bénéficient d'un droit de visite et d'hébergement de ces derniers, sauf s'il y a un refus pour motif grave (risque d'un danger pour l'enfant). Ils peuvent correspondre avec eux, participer à leur éducation, tant qu'ils ne cherchent pas à se substituer aux parents directs. Depuis une dizaine d'années, de plus en plus de grands-parents demandent à la cour de faire valoir ces droits, surtout dans le cas de divorces difficiles où le maintien du lien se trouve menacé. Par contre, je trouve qu'il s'agit d'un moyen de dernier recours et que, pour le bien-être des petits-enfants, il est préférable de trouver un terrain d'entente entre adultes d'abord et avant tout. Vous pouvez également demander l'aide d'un professionnel pour vous accompagner dans vos démarches avec la famille.

Voici quelques services et adresses Internet qui pourraient vous être utiles ou vous intéresser afin d'en connaître davantage :

- École des grands-parents : www.egpe.org ;
- Service Québec des citoyens pour les aînés : www.naissance.info.gouv.qc.ca ;
- Tribunal des droits de la personne : www.educaloi.qc.ca/loi/aines.

Je vous présente ici quelques extraits amusants de ce qu'une grand-maman a écrit sur un blogue.

« Article 3 : Tu ne câlineras pas trop. Votre petite-fille a besoin de câlins, c'est sûr, mais pas 24 heures. À peine arrivée, à peine avez-vous jeté votre manteau sur une chaise que la petite est déjà coincée dans vos bras. Un conseil, dès qu'elle devient bleue, arrêtez de la serrer, et dès qu'elle devient poisseuse, stoppez les bisous !

Article 4 : De bonbons à gogo tu ne la gaveras. Ça sera 10 euros à chaque paquet de bonbons en trop pour les frais de dentiste (de toute façon, c'est le papa qui les mangera, alors...).

Article 5 : Des photos avec de gros vilains flashs quand elle dort tu ne feras. Sinon, c'est simple, je vais débarquer chez vous à 4 heures du matin avec de gros projecteurs ; on verra l'effet que ça vous fait (et, bien sûr, je mettrai les photos sur le blogue). »

Voici le témoignage de deux grands-mamans qui osent mettre leurs limites auprès de leurs petits-enfants pour le bien-être de tous : « Je suis une personne encadrante et chaleureuse, j'aime déterminer le territoire des petits-enfants. Tout n'est pas permis chez moi, mais je suis plus permissive qu'avec mes enfants. Et cela fonctionne très bien. Je ne suis pas là pour éduquer mes petits-enfants, bien qu'il faille intervenir dans certaines occasions puisque je dois respecter les principes d'éducation de chacun des parents tout en conservant une certaine autorité dans mon milieu. »

« À titre de grand-mère, je ne porte pas la responsabilité de l'éducation et du développement de l'enfant. En plus, mes disponibilités sont en fonction de mon horaire et non des besoins de l'enfant. Je me vois aussi plus dans un rôle de tendresse et d'amour, en posant certaines limites mais en étant plus permissive que lorsque j'étais mère et surtout beaucoup, beaucoup, beaucoup plus patiente ! »

Maintenir une relation lorsque les petits-enfants sont au loin

Même si les grands-parents vivent loin des petits-enfants, il y a mille et une façons d'entretenir une relation. Pour que celle-ci existe, tous – parents, grands-parents et petits-enfants – doivent être d'accord et aller en ce sens. Imaginons une corde que chacun tient à son bout. Si le parent laisse aller son bout de la corde, alors il n'y a pas de relation possible. Si les grands-parents se tiennent dos à la corde ou encore la tiennent du bout des doigts, il y a fort à parier que la relation sera à sens unique et de courte durée.

Plus les enfants sont jeunes, plus les parents ont un rôle à jouer pour favoriser et entretenir la relation avec les grands-parents. Par contre, ces derniers peuvent contribuer à entretenir une relation à distance en s'intéressant, dès le début de la grossesse, soit par le téléphone, par le courrier ou par Internet. Si ce dernier moyen de communication ne fait pas partie de vos habitudes, profitez-en pour suivre un cours ou demander à quelqu'un de vous y initier. L'ordinateur peut faire peur à certains, mais il est un investissement à long terme et peu coûteux pour entretenir des relations à distance. Nous pouvons faire le parallèle entre la peur face à cet inconnu (l'ordinateur) et la conduite automobile pour les personnes très âgées. J'ai déjà demandé à une de mes tantes, alors âgée de 80 ans, ce qui l'avait le plus marquée dans l'évolution des technologies: «Sans hésitation, c'est d'apprendre à conduire la voiture! Ça a été une grande liberté et beaucoup de possibilités.» C'est la même chose pour l'ordinateur. De plus en plus de gens s'y initient à leur retraite. Je pense plus particulièrement à une des tantes de mon conjoint. Elle avait tout près de 80 ans et nous lui avions fait parvenir par Internet une photo de notre enfant qu'elle nous avait ensuite retournée après qu'elle l'eut modifiée de façon magnifique, l'enfant étant placée dans une rose. C'était ce qu'elle s'amusait à faire avec ses petits-enfants: des échanges et des modifications de tous genres à l'aide de l'ordinateur. Je l'avais trouvée extraordinaire!

L'ordinateur et Internet offrent d'autres possibilités: l'échange de photos, la création d'une page Web familiale où chacun y écrit ou dépose quelque chose (photos, notes, anecdotes...), la webcaméra qui permet de se parler et de se voir en direct (très peu coûteux comme appareil, sans frais d'appels interurbains), la communication écrite en direct (ce que les ados s'amusent à faire très souvent, vous pourrez donc aller les rejoindre sur des sites comme MSN ou Facebook), les jeux en ligne, les scanners qui permettent d'enregistrer des photos, des articles ou des dessins dans votre ordinateur que vous pourrez ensuite faire parvenir à la famille, sans compter tout le matériel créatif que vous pouvez vous procurer pour créer à l'infini et le faire parvenir aux petits-enfants, etc.

Denise dit à ce sujet: «Bien que nous soyons en Floride l'hiver, nous donnons de nos nouvelles à nos enfants et petits-enfants, et vice versa, par webcaméra. Ça nous permet de garder le contact!»

Pour s'impliquer dès le départ, grâce à n'importe quel moyen de communication utilisé, les grands-parents pourront prendre des nouvelles de la grossesse, s'intéresser aux nouveautés et aux changements de mœurs face à la grossesse et à l'accouchement, vérifier le vécu des futurs parents, leur demander leurs besoins et ce qu'ils peuvent faire pour eux. De façon générale, les mamans enceintes, qu'elles soient la fille ou la belle-fille, sont souvent touchées par ce geste ou par cet intérêt face à ce moment bien particulier de leur vie. Une façon non intrusive de faire de la place à chacun (petits, parents, grands-parents) tout en s'intéressant à la grossesse consiste à dire, par exemple: «Notre petit-fils [ou petite-fille] ne cause pas trop de soucis à la maman et au papa?» et être à l'écoute de la réponse pour maintenir une communication ouverte. Avec cette phrase, vous impliquez toutes les générations, vous montrez votre préoccupation face au vécu des parents en induisant le fait qu'avoir un enfant peut être préoccupant sur plusieurs plans. En ayant un départ relationnel positif, la suite a plus de chances d'être positive également. Par exemple, si vous avez une relation relativement bonne avec votre fille ou belle-fille, vous pourriez être l'instigatrice ou la complice dans l'organisation d'un «*shower* de bébé», soit une fête pour la maman ou pour le papa, ou pour les deux, en l'honneur de l'arrivée prochaine du bébé, ce qui ne passera pas inaperçu.

À la naissance de bébé, tentez de rendre visite, soit de courte durée et plus souvent, soit sur une plus longue période (une ou deux semaines) selon le désir des parents et vos possibilités, afin de favoriser la relation. Pendant un séjour chez les nouveaux parents, il est toujours utile de vérifier leurs besoins et leurs attentes face à vous, dans le but d'éviter toute ambiguïté ou de prêter de mauvaises intentions dans un moment de partage d'une certaine intimité. J'entends trop souvent les critiques des parents face à leurs propres parents ou beaux-parents parce qu'ils étaient envahissants, qu'ils faisaient des travaux dans la maison sans qu'on leur ait demandé, qu'ils ne s'occupaient que du bébé, qu'ils étaient indifférents, qu'ils ne tenaient pas compte d'eux, etc., même si les grands-parents étaient remplis de bonne volonté. Pour remédier à ce genre de situation, tentez de parler ouvertement ensemble des besoins de chacun. Autre suggestion, pendant le séjour, profitez-en pour offrir un repas ou apporter quelques mets appréciés des parents, ce qui les aide habituellement dans les premiers jours de vie du bébé. J'insiste sur le mot « offrir » plutôt que d'« imposer » quoi que ce soit aux parents qui peuvent avoir tendance à dire « oui » alors qu'ils pensent « non ».

Puisque dans les premiers mois de vie du bébé la relation passe d'abord par les parents, d'autres façons de vous impliquer consistent à offrir des fleurs ou un petit présent aux nouveaux parents afin de souligner cette transition. Ce peut être également d'écrire un mot aux parents ou pour le nouveau-né sur ce que vous leur souhaitez. Vous pouvez demander aux parents de vous envoyer des photos le plus souvent possible pour voir l'évolution de bébé qui s'effectue rapidement. Ainsi, en conservant les photos, vous pourriez créer un album de ce petit être qui grandit, ou un livre souvenir de notes ou d'écrits.

Lorsque le bébé grandit, les communications peuvent se faire par téléphone, mais il faut se rappeler qu'en bas âge l'attention est de courte durée, même si les enfants adorent le téléphone. Afin de faire votre place auprès du petit, vous pouvez en profiter pour chanter des chansons, comptines, histoires par téléphone, par webcaméra, par enregistrement audio ou vidéo. Vous pouvez demander aux parents de vous faire parvenir des vidéos du petit pour connaître son évolution.

Lorsque l'enfant peut parler plus aisément, vous pouvez évidemment parler plus longuement et vous intéresser à son vécu quotidien. Demandez-lui de vous envoyer ses chefs-d'œuvre (dessins, peintures, bricolages) et créez dans votre maison un coin « exposition » que vous pourrez lui montrer lorsqu'il viendra vous rendre visite, ou encore prenez des photos de ce coin et faites-les-lui parvenir. Vous pouvez également lui en envoyer de vous (peintures, bricolages, etc.).

À l'âge scolaire, lorsque l'enfant a atteint la capacité à lire et à écrire, il est toujours très fier de recevoir du courrier (par la poste ou par ordinateur). On peut même l'abonner à des revues mensuelles destinées à son groupe d'âge. Il aime bien recevoir des cartes pour son anniversaire ou pour des fêtes spéciales, des petits mots juste pour le plaisir de savoir que les grands-parents pensent à lui, ou des cartes postales pendant l'un de vos voyages. Si vous avez décidé de vous « brancher » sur ordinateur, vous aurez la possibilité de communiquer plus aisément avec l'enfant qui vous en apprendra assurément beaucoup et rapidement ! À cet âge et selon la distance qui vous sépare, l'enfant peut faire un court séjour chez vous où vous pourrez vivre des moments intenses.

Quand l'adolescence se pointe, continuez à garder le contact, à faire ce que vous faisiez déjà tout en gardant en tête qu'à cet âge, de façon générale, il a besoin de prendre une distance avec le monde des adultes pour favoriser le groupe d'amis. Si vous restez passif et êtes en attente qu'il vienne au-devant de vous, il risque de se créer une distance. Toutefois, si vous êtes actif et allez au-devant en vous intéressant à lui, à ses amis, à ses activités, à ses intérêts (souvent loin des vôtres !), et en soulignant les étapes importantes de sa vie (remise de diplômes, médailles, spectacles, âge de la majorité, etc.) par de petites attentions, vous en serez gagnant à long terme. J'ai vu plusieurs petits-enfants devenus adultes et parents se rapprocher grandement de leurs grands-parents et même en prendre soin lorsque le besoin se présentait. Il y en a même qui s'organisent des voyages ou de courts séjours ensemble avec beaucoup de plaisir...

Charte relationnelle

Si croire en un monde sans conflits est utopique, il demeure possible de développer des liens familiaux solides où les frustrations modérées sont tout à fait normales. Il convient alors de trouver la bonne distance qui permet de rester des grands-parents et de se comporter comme les parents des parents ; voici ce que je vous propose.

1. *Soyez un parent et un grand-père ou une grand-mère suffisamment bon.* Ce qui veut dire être ni trop présent ni trop absent dans la relation avec vos enfants adultes, les aider à être des pères et des mères qui ont découvert comment croire en eux, les complimenter dans leur rôle («Je trouve que tu connais bien ton bébé», «Tu sais maintenir une discipline», «Je trouve que tu es un bon père !», «Ton père et moi trouvons que vous faites bien ça !»), les soutenir dans les moments difficiles, ne pas aller à l'encontre de leurs efforts dans l'éducation de leurs enfants, savoir se retirer de la relation lorsque c'est nécessaire, prendre soin de vos enfants adultes lorsque le besoin se fait sentir (une tape sur l'épaule, des bras pour consoler, des repas préparés, une écoute attentive dépourvue de jugement et de conseils).

2. *Évitez les clichés qui infantilisent les parents.* «Je te l'avais bien dit !», «Dans mon temps... !», «Tu t'y prends mal», «Voyons, c'est facile à comprendre !», «Je vais te le montrer !».

3. *Évitez de vous précipiter vers les petits-enfants et d'envahir leur territoire.* L'enfant pourrait avoir un mouvement de recul ou de retrait et le parent, avoir l'impression de perdre sa place ou de ne pas exister. Donnez un temps à chacun pour s'apprivoiser et observez.

4. *Soyez des historiens familiaux.* Racontez comment c'était lorsque vous étiez enfant, des histoires passées lorsque vos enfants étaient petits et au même âge que vos petits-enfants.

5. *Donnez à chaque petit-enfant l'impression d'être unique.* Reconnaissez que vos sentiments à l'égard de vos petits-enfants sont différents et, idéalement, essayez d'avoir un moment seul avec chacun d'eux pour mieux les connaître et développer une meilleure relation.

6. *Consacrez amour et temps à vos petits-enfants plutôt que de les submerger de bonbons et d'amour matériel.* L'amour, l'attention et les petits gestes qui montrent à l'enfant qu'il est unique restent gravés dans sa mémoire affective. Vous pouvez vérifier avec les parents les besoins de chacun.

7. *Organisez des rituels et des traditions.* Voir à ce sujet le chapitre 6.

8. *Soyez actif dans vos relations plutôt qu'en attente.* Évitez d'être en attente d'un appel ou d'une visite de vos enfants et petits-enfants; cherchez plutôt à créer des occasions de rencontre ou de petites attentions qui font toute la différence. Privilégiez la spontanéité et les surprises.

9. *Respectez vos limites et celles des parents.* Osez dire non aux demandes qui ne font pas votre affaire et établissez vos limites dans ce que vous êtes bien. Dans le même sens, respectez les non des parents, leurs règles, leur discipline et leur territoire.

10. *Laissez de côté vos problèmes et vos conflits personnels en leur présence.* Centrez-vous sur le bonheur de voir vos petits-enfants, sur le plaisir d'être avec eux plutôt que de parler de vos malaises physiques, de la liste nécrologique ou des reproches à moitié voilés: «Je croyais que vous étiez morts tellement ça fait longtemps qu'on s'est vus!» Si ce dixième point est difficile à établir, cherchez des gens à qui parler pour vous en libérer. Vos

relations avec vos enfants et petits-enfants ne s'en porteront que mieux.

Un mot aux parents qui vivent des conflits avec leurs parents et leurs beaux-parents

Je sais très bien que les relations ne sont pas toujours aisées et simples. Il m'arrive régulièrement de rencontrer des gens qui viennent déverser leurs frustrations à l'égard de leurs parents ou de leurs beaux-parents. J'ai tendance à dire qu'on choisit nos amis et notre conjoint, mais qu'on ne choisit pas notre famille ni notre belle-famille. Toutefois, on doit, et j'insiste sur ce mot, composer avec elles. Il y a évidemment des situations plus délicates que d'autres, mais tant que personne n'est en danger, il y a des moyens et des trucs pour s'accommoder de ces situations. Comme cet ouvrage est destiné aux grands-parents, je ne m'allongerai pas sur le sujet mais je tiens à souligner qu'il vaudrait peut-être la peine pour vous de consulter pour essayer de prendre une distance émotive face au conflit, pour trouver des moyens de gérer la situation sans brimer vos enfants.

Même si vous êtes en désaccord avec un parent ou un beau-parent, ce n'est pas en le cachant de vos enfants que ceux-ci seront immunisés. Bien souvent, c'est le contraire qui se passe, car plus un enfant sent qu'il y a un interdit ou un secret face à quelqu'un ou à quelque chose, plus il sera tenté de s'en approcher. Alors, il vaut mieux parler aux petits des désaccords que vous vivez avec ses grands-parents sans toutefois entrer dans les détails. Prenons l'exemple d'un grand-père alcoolique. Vous expliquerez à votre enfant que vous ne le laisserez pas seul avec son grand-père, au cas où il se mettrait à boire de l'alcool, parce que vous seriez trop inquiet pour lui. Par contre, ne le privez pas de sa présence lorsqu'il est à jeun, même si ce n'est que pour de courtes périodes. Peut-être même que ces brefs contacts seront des sources de motivation pour arrêter l'alcool, sans que ce soit un but à viser.

Vous pourriez aussi tenter de vous mettre à la place de cette personne vieillissante et vous dire qu'un jour vous y serez aussi. Comment aimeriez-vous finir vos jours? Seul et sans contact avec vos enfants et leur progéniture? Ou en faisant un effort de part et d'autre, malgré les blessures de la vie? N'oubliez pas que vous êtes un modèle pour vos enfants et ils suivront en partie vos traces et comportements... Alors, bonne réflexion!

CHAPITRE 4

Les pertes, le vieillissement et la mort

La maladie et la mort

La mort fait partie de la vie; elle est inévitable et constitue la seule certitude de la vie, car on sait que nous allons tous mourir un jour. Quand et comment? Personne ne le sait et c'est cette angoisse que tout un chacun porte en soi, tant les petits que les plus «sages».

Nicole raconte que sa petite-fille de quatre ans lui a dit, pendant qu'elles regardaient des photos de famille: «Grand-maman, toi aussi tu vas mourir? » Et Nicole de répondre: « Oui, mais je ne suis pas prête tout de suite à mourir, je veux être là encore longtemps! »

Ce bref entretien montre bien comment un enfant se questionne sur la fin de la vie, sur son angoisse de perdre sa grand-maman et ceux qu'il aime. La réponse brève et spontanée de la grand-mère apporte un apaisement à l'enfant qui ne demande qu'à être rassuré et rassure par le fait même la grand-maman qui désire vivre encore longtemps!

Les enfants tendent à voir leurs parents immortels alors que c'est souvent par les grands-parents qu'ils découvrent la vulnérabilité de la vie par les maladies et par la mort. D'ailleurs, Edwards et Sterne rapportent des propos d'enfants qui montrent leur désir d'immortalité: « Si je devais changer quelque chose à mes grands-parents, ce serait qu'ils ne vieilliraient pas et qu'ils vivraient ensemble. »

Quand la maladie de l'un des grands-parents survient, il y a une tendance à l'inversion des rôles. Les fragilités entraînées par la maladie amènent le fils ou la fille à prendre soin de son parent. L'évocation des problèmes de santé et l'attente de certains résultats génèrent des inquiétudes au sein de la famille tout entière. Ce qui pousse souvent le fils ou la fille à donner des conseils, à prodiguer des soins, à « gronder » affectueusement le parent pour lui rappeler son état de santé ou son âge, ce que nous pouvons qualifier de rapport inversé de soutien et de protection qu'a connu l'enfant devenu parent. Dans ces moments, le petit-enfant peut sentir une proximité dans son vécu avec l'un de ses grands-parents malade, fragilisé.

La maladie et la mort sont des sujets délicats à aborder avec les enfants. Je suis plutôt d'avis de laisser venir leurs questions, d'être à l'écoute de ce qu'ils expriment pour mieux réagir à leur vécu. De toute façon, ils entendent les grands parler entre eux d'un des grands-parents malade et il se crée tout un cheminement dans leur tête, réflexions bien loin de celles des adultes. Pour les enfants plus anxieux, les symptômes de la personne malade (douleur au ventre, mal de tête...) peuvent leur faire peur au point de se l'imaginer en eux. Et avec tout ce qu'ils entendent à la garderie et à l'école sur les microbes, sur la contagion et sur le lavage des mains, la peur peut prendre le dessus. Il sera de mise de dédramatiser la situation en parlant des faits. Voici des exemples.

- Il y a des maladies qui s'attrapent (comme la varicelle) alors que d'autres (comme le cancer) ne se transmettent pas;
- Tu peux avoir touché à la maladie ou à la personne contagieuse mais si tu ne portes pas tes mains à ta bouche, tu ne l'auras pas.
- Les maladies contagieuses ne se développent pas chez toutes les personnes qui sont en contact avec elles; par exemple, dans ta classe, ce n'est pas tous les enfants qui ont eu la gastro-entérite ou la grippe.
- Dans un corps d'enfant, il y a des anticorps. Ce sont comme des petits soldats qui combattent les virus (les maladies) et certains aliments peuvent les y aider.
- Valoriser le corps du jeune enfant comme fort et en santé. Ça fonctionne bien chez les petits garçons qui vont être fiers de montrer leurs gros muscles!
- Chez les plus vieux (vers 10 ans et plus), on peut utiliser des statistiques et des proportions pour leur faire réaliser l'infime risque. Par exemple, demander le nombre d'enfants dans son école qui sont en santé et l'extrapoler à la population entière. Ou encore, comparer le nombre de décès chez les personnes âgées et celui chez les enfants.

Voici le témoignage d'une dame qui a su trouver les ressources nécessaires pour vivre la maladie de son conjoint. « Lorsque mon conjoint a eu un problème cardiaque, j'ai été très bouleversée. Je ne voulais pas l'affecter davantage avec ma peine et ma peur. Alors, je me suis entourée d'amies qui m'ont bien aidée. Nos enfants étaient là pour me soutenir durant son hospitalisation. Nous n'avions pas de petits-enfants à l'époque. »

Toutefois, comment réagir lorsqu'il y a des petits-enfants dans le décor? Lorsque l'un des grands-parents devient handicapé à la suite d'une maladie, d'un traumatisme, d'un AVC ou d'une paralysie, on peut nommer à l'enfant que son grand-papa ou sa grand-maman ne sera plus comme il l'a connu avant. Qu'ils vont pouvoir encore jouer ensemble mais différemment et trouver comment ils pourront à nouveau s'amuser: s'asseoir à côté de lui, le chatouiller d'un côté, lui apporter des dessins pour les afficher au-dessus de son lit, faire des exercices ensemble, jouer aux cartes avec de l'aide, lui apporter son animal sur lui ou à côté de lui, etc. Autrement dit, il faut voir le potentiel de la personne malgré le handicap physique ou intellectuel. Pour le conjoint de l'un des grands-parents handicapé, je suis d'avis qu'il nomme à l'enfant la tristesse ressentie du fait qu'il y a des pertes (d'un membre du corps, des fonctions cognitives comme la mémoire, de la présence de l'autre, etc.), qu'il est normal de vivre un deuil face à ce que la personne était avant.

Ça me rappelle ma grand-mère maternelle qui adorait les animaux et en avait eu de toutes les sortes (une passion qu'elle m'a transmise!). Elle prenait un grand plaisir lorsque je lui apportais mon chat et le faisais jouer sur son lit, alors qu'elle était confinée à sa chambre. C'est d'ailleurs une des raisons qui m'a poussée, à une époque de ma vie, à faire de la zoothérapie dans des centres hospitaliers de soins de longue durée même si ma grand-mère était décédée depuis fort longtemps.

Les enfants face à la mort

Pour ce qui est des questions des enfants concernant la mort, il peut y en avoir de toutes sortes: «Est-ce que ça fait mal mourir?», «Où il va aller grand-papa après?», «Est-ce qu'il va pouvoir manger dans la grande boîte?». Ici encore, les enfants ont besoin d'être rassurés, de savoir qu'une fois morte, la personne n'a plus jamais mal, ni faim, ni froid, ni soif... elle est bien. Elle ne sera plus à nos côtés, près de nous, mais nous pourrons toujours nous souvenir d'elle; elle sera toujours dans notre cœur, on pourra regarder des photos d'elle, se raconter des souvenirs, déposer des fleurs à sa date d'anniversaire, faire des dessins ou lui écrire. Il y en a même qui plantent un arbre pour symboliser la vie qui continue (voir à ce sujet le témoignage de Marie Tifo, à la page 133). On peut utiliser l'expérience d'un animal domestique que nous avons eu et qui est décédé pour dire à l'enfant que la vie continue, que nous pouvons continuer à être heureux même après la mort d'une personne chère malgré la peine, la tristesse et même la colère, des sentiments qui font partie des étapes du deuil.

Ces questions, un peu plus «techniques» chez les plus jeunes, deviendront plus élaborées chez les plus âgés comme: «Il y en a à l'école qui disent que la personne qui meurt va au ciel, ou devient un esprit qui peut rester dans la maison, ou encore qu'elle revient dans une autre vie. Qu'est-ce que t'en penses, grand-maman?» C'est alors le moment de transmettre vos croyances face à la mort en faisant attention de ne pas effrayer l'enfant. Pour ce faire, je recommande de préciser que personne ne le sait vraiment, mais que c'est à chacun de trouver ses propres réponses tout en vérifiant ce que l'enfant croit et ce qu'il a entendu de ses parents et amis. Il faudra alors souligner les différences de chacun dans leurs croyances et les respecter, car elles viennent apaiser l'angoisse de chacun à sa façon. Les questions et les réponses sur ce sujet délicat sont sans fin, car elles se transforment tout au long de la vie selon nos expériences et nos angoisses du moment.

La perception de la mort en fonction de l'âge de l'enfant

La perception de la mort varie en fonction de l'âge de l'enfant. Voici une brève description dans le but d'aider les grands-parents à comprendre ce que vit l'enfant et pouvoir lui répondre le plus adéquatement possible. À noter que les âges ne sont qu'un repère approximatif qui ne tient pas compte des différences individuelles et du développement personnel de chaque enfant.

- *De 0 à 2 ans environ.* Le bébé est très centré sur le ressenti, sur les émotions autour de lui. S'il y a de la tristesse dans l'air, des tensions ou tout autre changement (absence, préoccupation...), le bébé réagira à son environnement en pleurant, en réclamant de l'attention, en demandant à boire plus souvent, en voulant sa sucette, ou encore son sommeil pourra être perturbé. Il peut également constater l'absence de la personne décédée en disant son nom. On peut alors répondre à son besoin en lui donnant plus d'attention, en nommant l'émotion, en parlant de l'être disparu, en le rassurant sur votre présence.
- *De 2 ans et demi à environ 6 ans.* L'enfant est dans l'action et la réalité concrète tout comme dans l'émergence de l'imaginaire. Il voit donc la mort comme réversible. C'est ce qu'on peut constater dans ses jeux où les personnages meurent (corps immobile) et reviennent vivants en quelques secondes, puis ils sont tués à nouveau et debout l'instant d'après. Il a de la difficulté à comprendre que la personne décédée ne reviendra plus jamais et à se représenter la personne sans vie. Ses questions pourront tourner autour du concret: «Aura-t-il froid?», «Aura-t-il faim?», «Quand reviendra-t-il?», «Est-ce que je peux aller le voir?», «Est-ce que ça fait mal?». Ici encore, on peut être ras-

surant en exprimant simplement que la personne qui meurt n'a plus jamais mal, ni faim, ni soif, ni... qu'on ne la verra plus comme on l'a vu, mais qu'on peut la regarder en photo et penser à elle dans notre cœur pour toujours, se rappeler des souvenirs. À cet âge, il ne faut pas oublier qu'on répète souvent les mêmes choses à la demande de l'enfant puisque c'est la façon dont il intègre ce qu'il apprend. On peut également faciliter le deuil en permettant à l'enfant de jouer des scènes où quelqu'un meurt, de dessiner la personne décédée ou de lui faire un dessin qu'on affichera. Il se peut aussi que l'enfant se sente responsable de la mort («C'est parce que je lui ai fait de la peine», «Je l'ai fait fâcher l'autre jour...»), car il tend à ramener tout à lui. Il faut alors chercher la bonne phrase pour faire en sorte que l'enfant ne ressente pas de culpabilité face à la mort et de peine. Par exemple: «Ce n'est ni moi, ni toi, ni personne qui font mourir les gens, surtout quand on les aime. On peut être fâché contre la personne, mais ce n'est pas notre colère qui la fait mourir.»

- *Vers 7 à 12 ans.* L'enfant réalise l'irréversibilité de la mort, que c'est la fin des fonctions vitales, que c'est sérieux et que ça arrive à tout le monde. Comme le rayon social de l'enfant s'agrandit, il aura une vision plus large de la mort et fera beaucoup de liens dans sa tête entre la mort et tout ce qu'il entend (amis à l'école, expériences, médias, etc.). Il aura alors plusieurs questions. D'abord, on peut les lui retourner pour voir comment il intériorise lui-même cet aspect de la vie, puis parler de nos croyances en précisant que c'est personnel, que personne ne détient la vérité à cet égard et qu'il trouvera ses propres réponses. Si la réaction de l'enfant face à la mort ne passe pas par la parole ni par les questions, il est possible qu'il développe certains malaises physiques (mal de ventre ou de cœur), des difficultés à dormir, des peurs (de rester seul, des esprits, de s'éloigner de la maison, de perdre connaissance...).

- *À l'adolescence.* Les adolescents comprennent la mort comme les adultes, mais ils n'ont pas atteint la maturité pour développer différentes stratégies d'adaptation aux événements de la vie. Ils ont encore bien besoin des adultes avec qui échanger sur le sujet en les faisant parler sur ce qu'ils pensent et ce qu'en disent leurs amis (puisque le réseau social est primordial à cette étape de la vie). Tout comme les adultes, ils peuvent ressentir de la culpabilité, se sentir désemparés, regretter les paroles dures prononcées dans le passé. Il vaut alors la peine qu'on les écoute.

Si vous avez des inquiétudes face au comportement étrange ou exagéré de l'enfant, différent de la description précédente, et qui perdure, il serait sage de demander l'avis d'un professionnel ou d'en parler avec les parents.

Dans mon premier livre qui s'adresse aux parents, j'ai consacré tout un chapitre sur les pertes et le deuil chez l'enfant où je donne d'autres explications ainsi que des ouvrages à consulter.

La maladie et la mort d'un petit-enfant

Dans le cycle de la vie, on s'attend à voir les grands-parents mourir avant les parents et les petits-enfants. Mais qu'arrive-t-il lorsque ce n'est pas ce qui se passe ou lorsqu'un enfant frôle la mort? Tous les grands-parents sont unanimes pour dire que c'est injuste et incompréhensible, que c'est un des pires événements de la vie. Mariette, grand-maman de plusieurs petits-enfants, a vu son petit-fils de trois ans hospitalisé pour la bactérie mangeuse de chair et être entre la vie et la mort: «J'étais incapable d'aller le voir à l'hôpital, j'étais impuissante et je ne faisais que pleurer. Dans cet état, je me sentais inutile pour les parents. Je préférais m'activer à la maison en m'occupant de la sœur du petit malade. Qu'est-ce que tu veux que je dise à mon gars de 40 ans qui revient de l'hôpital en pleurant? Je l'ai pris dans mes bras en lui disant que j'allais prier pour eux... »

Cette grand-mère a su garder son rôle de mère en serrant dans ses bras son grand garçon qui souffrait tout autant mais autrement que le petit malade. Les bras et la présence des grands-parents, que ceux-ci soient âgés, malades ou handicapés, sont toujours réconfortants et rappellent cette enfance où l'on s'y blottissait lors de souffrances. En lui disant: « Je vais prier pour toi », c'est une façon de dire qu'elle est avec lui dans cette souffrance, qu'elle la porte un peu pour lui et tente de l'alléger. C'est un peu comme si elle venait offrir un contenant pour y déposer quelque chose (l'angoisse, la peine) de difficile à tenir.

Voici un autre témoignage d'une grand-maman face au cancer de sa petite-fille âgée d'à peine un an: « J'ai été totalement renversée, inquiète et je n'ai pas de mots pour décrire la peine que je ressentais. En fait, cela a été la situation la plus difficile de ma vie, je me suis vue devant la perte incompréhensible. Mais, devant mon fils et ma bru, j'ai tenu le coup, leur donnant le plus de réconfort que je pouvais. Surtout, je ne voulais pas les placer en situation de devoir me consoler et me rassurer! Je prie pour ne jamais avoir à vivre sa mort... »

Lorsque les grands-parents vieillissent

Le vieillissement est inévitable. À un âge plus avancé, les personnes vivent des pertes: la mort d'amis ou de proches, des pertes physiques comme la mémoire, la vue, l'ouïe, la force, etc. En fait, nous sommes à notre maximum physiquement à 20 ans. Puis, doucement, sans nous en rendre compte, toutes les fonctions du corps vont en diminuant. Nous le constatons de façon plus marquée beaucoup plus tard, mais il y a des moyens pour diminuer ce ralentissement comme l'entraînement physique et intellectuel. Pour ce qui est de la mémoire, nous avons tous le souvenir d'un de nos grands-parents cherchant le nom d'un petit-enfant, mais l'appelant par un autre nom. La mémoire à court terme est celle qui flanche en premier alors que la mémoire à long terme et les souvenirs demeurent intacts très longtemps. Alors, il vaut mieux en profiter pour se raconter, parler de ses souvenirs, de son passé.

Ce qui peut apporter un baume sur ces moments plus difficiles et douloureux, c'est l'humour, trouver des façons d'en rire, c'est tellement libérateur. Il y a même des blagues sur le vieillissement qu'on peut se raconter, louer des vidéos d'humour ou d'humoristes qui traitent du sujet. Je pense, entre autres, au monologue de l'humoriste Yvon Deschamps qui parlait de son bénévolat auprès des personnes plus âgées. Ou encore, lorsque la personne n'a pas entendu et fait répéter l'autre, pourquoi ne pas en profiter pour lancer à la blague: « Attends, je vais ajuster mon appareil! » Faites preuve de spontanéité et d'imagination pour détendre l'atmosphère et ajouter un peu d'humour sur les difficultés du quotidien.

Puisque nous vivons plus longtemps, nous ne savons pas quelle sera notre qualité de vie même si nous mettons toutes les chances de notre côté: exercices, alimentation, vie sociale, entraînement des fonctions cognitives, etc. Il y a quelques pièges qui guettent les grands-parents plus âgés et qui tendent à les isoler. Je pense, entre autres, à la tendance à ruminer seul, à se rendre prisonnier du passé, à se fermer à l'autre et à la nouveauté, à rester centré sur ses malaises et sa personne sans s'informer de la vie des autres, à croire que la personne âgée n'a plus rien à apprendre aux plus jeunes, etc. Pourquoi ne pas voir ce ralentissement qui vient avec la vieillesse comme un baume ou un apaisement pour les plus jeunes qui vivent dans une ère où tout est plus rapide et performant? Ce rythme plus lent qui évoque les tout débuts de la vie, où on berce l'enfant, le nourrit selon ses besoins et son rythme. Ça me rappelle le film fort intéressant *L'étrange histoire de Benjamin Button*, qui trace un parallèle entre le début et la fin de la vie. En fait, il s'agit d'un bébé qui vient au monde vieux et plus il grandit, plus il rajeunit.

Alors, profitez-en pour sortir de votre bulle lorsque vous avez la visite de vos petits-enfants ou arrière-petits-enfants et continuez de vous intéresser aux autres et à leur vie, vous aurez amplement de temps pour vous retrouver dans votre bulle par la suite.

N'oubliez pas que vous êtes un modèle pour ceux qui vous suivent. Quel modèle voulez-vous leur léguer? Pour vous faire réfléchir, voici le récit d'un homme.

> Il y a de cela quelques années, pendant mes vacances en automne, je me suis assis sur un banc à l'entrée d'une ville que je venais de visiter.
>
> À quelques mètres était assis un vieil homme, seul.
>
> Un jeune homme s'approcha de lui et demanda: «Je ne suis pas d'ici, je viens de loin, dites-moi, comment sont les gens qui vivent dans cette ville?»
>
> Au lieu de lui répondre, le vieillard lui renvoie la question: «Et dans la ville d'où tu viens, comment les gens étaient-ils donc?»
>
> Le jeune homme, aussitôt plein de hargne: «Égoïstes et méchants, au point qu'il m'était impossible de les supporter plus longtemps. C'est pourquoi j'ai préféré partir.»
>
> Le vieillard: «Mon pauvre ami, je te conseille de passer ton chemin, les gens d'ici sont tout aussi méchants et tout aussi égoïstes.»
>
> Un peu plus tard, un autre jeune homme s'approche du même vieillard: «Bonjour. Je débarque en ces lieux, pouvez-vous me dire comment sont les gens qui vivent dans cette ville?»

Et le vieil homme de lui demander à son tour: «Dis-moi d'abord, là d'où tu viens, comment les gens étaient-ils?»

Le jeune homme, dans un grand élan: «Honnêtes, bons et accueillants. Je n'avais que des amis. Oh que j'ai eu de peine à les quitter!»

Le vieillard: «Eh bien, ici également, tu ne trouveras que des gens honnêtes, accueillants et pleins de bonté.»

J'avais tout entendu et je n'ai pu m'empêcher de lui demander: «Comment est-ce possible de donner, à la même question, deux réponses aussi diamétralement opposées? Vous moquiez-vous de ces garçons?»

«Mon fils, déclara le vieil homme, chacun porte en son cœur son propre univers et le retrouvera en tous lieux. Ouvre ton cœur, et ton regard sur les autres et sur le monde sera changé[23].»

---

23. Source: Patrick Kuchard, le 13 mai 2003, tiré du site Internet: http://kalaia.free.fr/ency/article.php?id_article=17.

CHAPITRE 5

Les plaisirs et le jeu entre grands-parents et petits-enfants

La simplicité : l'humour, la spontanéité et le jeu

Marie-Rose : « Marcel ! Les petits arrivent ! »

Après une journée complète de plaisirs et de jeux avec leurs petits-enfants, Marie-Rose et Marcel constatent la tornade qui vient de passer. Ils se regardent et pensent tout bas : « Ça fait du bien quand ils viennent et ça fait aussi du bien quand ils repartent, ouf!»

Certains grands-parents que j'ai rencontrés m'ont demandé comment amuser les enfants, quoi faire avec eux pour avoir du plaisir. D'autres avaient déjà expérimenté plein d'activités amusantes avec les petits et s'étaient laissés aller au plaisir du jeu et de la spontanéité, deux aspects qui habitent le monde des enfants. C'est donc pour ces premiers que j'ai décidé d'écrire ce chapitre et pour tous ceux qui tentent d'en faire trop pour leurs petits-enfants. Il est d'ailleurs fréquent d'entendre des parents dire: «Mon père fait avec mes enfants ce qu'il n'a jamais fait avec moi enfant!» C'est dire à quel point devenir grands-parents, c'est se libérer des obligations qui prennent beaucoup de place lorsqu'on est parent.

Je constate régulièrement que les enfants n'ont pas besoin de tant d'activités organisées ni de très nombreux cadeaux, mais simplement de l'amour et du plaisir, de sentir et de voir le regard privilégié du grand-père ou de la grand-mère sur eux, sentir qu'ils ont le regard des grands-parents qui les admirent! Boris Cyrulnik, psychiatre et psychanalyste de renom, mentionne qu'un des critères pour faire une personne résiliente (qui sait rebondir face aux obstacles de la vie) est que l'enfant ait vu dans les yeux d'une autre personne (parents, grands-parents ou autre), au moins une fois dans sa vie, l'importance qu'on lui accordait. Le regard qu'on porte sur l'enfant en devenir est donc très significatif pour son développement.

C'est maintenant bien documenté dans les recherches que l'humour, la spontanéité et le jeu contribuent à un meilleur vieillissement (plus long, en meilleure santé et plus heureux). D'ailleurs, un sondage mené par l'American Association of Retired Persons estime que la majorité des grands-pères participent à des activités sportives avec leurs petits-enfants (75 % chez les 45-49 ans et 67 %

chez les 80 ans et plus) et plus de 50 % des grands-mères le font. On voit que les grands-parents d'aujourd'hui sont impliqués auprès de leurs petits-enfants et de toutes sortes de façons. Une grand-maman me disait justement: «Ça [les petits-enfants] nous empêche de vieillir... Un jour, une de mes petits-enfants me demande de jouer avec elle au sol et je lui dis que j'ai trop mal aux genoux pour le faire. En un instant, la petite se lève et va me chercher un coussin: "C'est pour tes genoux, grand-maman!" Comment est-ce que je pouvais résister à cette demande?»

Ce qui fait la différence: les passions

Compte tenu de ce que j'ai dit précédemment et au regard des activités à faire, je suis convaincue que ce que des grands-parents peuvent apporter de mieux à leurs petits-enfants est de les amener sur leur terrain des passions. Que le petit, peu importe son âge, fasse avec ses grands-parents ce qu'ils aiment faire tout en adaptant l'activité à l'âge de l'enfant. On peut penser au jardinage, au bricolage, à la construction, à la menuiserie, à la cuisine, à la peinture, à la pêche, aux sports, au jeu d'échecs, à la bibliothèque, au cinéma, à raconter des histoires, à la découverte de la nature, au parc, à la danse, à la couture, au tricot, à l'album photo, etc. J'ai vu dernièrement un petit garçon de quatre ans accorder une grande importance à son petit radeau construit en bois qu'il apportait avec lui à la piscine. J'ai été tout attendrie de savoir que ce radeau avait été construit avec son grand-père lors d'une journée passée ensemble. C'est ce qui s'appelle créer un agréable souvenir d'enfance sur lequel va se construire l'enfant.

C'est lorsque le plaisir est partagé, tant chez l'adulte que chez l'enfant, que ce dernier est satisfait et qu'il l'enregistre. Avez-vous déjà expérimenté le vécu avec un enfant qui insiste pour faire une autre activité ou qui fait des demandes sans arrêt alors que vous faites un «gros» effort pour jouer au jeu qu'il avait demandé et que vous n'en aviez pas envie? Comme si l'enfant cherchait le partage du plaisir du jeu davantage que le jeu lui-même.

Beaucoup d'enfants ont actuellement des horaires très chargés et très organisés: que ce soit à la garderie ou à l'école, dans des cours de tous genres de deux à trois fois par semaine, les camps de vacances l'été, la course pour partir afin d'éviter des retards ou la circulation plus dense, l'horaire de travail des deux parents, les devoirs, le stress pour la performance, etc. Lorsqu'ils sont en temps libre, les enfants d'aujourd'hui ont tendance à se placer dans des activités plus passives comme la télé et l'ordinateur, ce qui fait moins appel au jeu libre, à la spontanéité et à l'imagination, éléments marquants pour une bonne santé mentale à long terme. Alors, pourquoi ne pas en profiter pour initier vos petits-enfants à ce que vous faisiez lorsque vous étiez enfant, pour les aider à prendre plaisir au moment présent, à ne pas être pressés, à laisser venir les idées et à apprécier le fait de perdre son temps.

D'autres auteurs citent, de façon éloquente, des petits-enfants parlant du jeu avec leurs grands-parents: «Lorsque grand-papa nous emmène promener, nous nous arrêtons pour regarder plein de choses comme des jolies feuilles ou des chenilles», «Lorsque nos grands-parents nous lisent des histoires, ils ne sautent pas de pages», «Ils ne nous disent jamais de nous dépêcher», «J'aime jouer avec grand-maman parce qu'elle ne connaît pas les règles du jeu et moi non plus. C'est plus drôle comme ça[24] ». C'est en fait ce que proclame l'auteur et père de famille Carl Honoré dans son premier livre *Éloge à la lenteur* lorsqu'il mentionne: «Pourquoi sommes-nous si pressés? Pouvons-nous et voulons-nous aller moins vite? Nous avons décidément tendance à privilégier la quantité des tâches à

24. Edwards et Sterne, 2007.

abattre à la qualité de nos actes quotidiens. À l'heure où la performance est requise sur tous les fronts de l'existence (travail, couple, famille, vie sociale et même loisirs), rééquilibrer rapidité et lenteur dans notre vie, et retrouver ce que les musiciens appellent *tempo giusto*. Et si un bon usage de la lenteur pouvait rendre nos existences plus riches? » L'auteur poursuit sa réflexion dans son second livre, *Manifeste pour une enfance heureuse*, en affirmant que les enfants aujourd'hui sont surmenés, dépassés, épuisés, qu'ils n'ont plus le temps de rien, pas même de rêver. Ils sont déprimés, fragilisés et soumis à des traitements médicaux. Carl Honoré milite pour libérer les enfants de la dictature de l'excellence et de la performance. C'est, à mon humble avis, ce que les grands-parents peuvent apporter de plus enrichissant à leurs petits-enfants: leur permettre d'être, sans pression, sans grandes exigences, en dégustant la vie, moment par moment, et en la redécouvrant d'une autre façon et à travers d'autres yeux.

« Jouer avec de l'eau et du sable, n'est-ce pas accepter le temps et le mouvement, le flux et le reflux, la vie et la mort[25] ? » Le jeu est très important pour l'enfant, il est sa découverte de la vie, son exutoire à des moments difficiles et à son adaptation au quotidien. Il m'arrive régulièrement, dans ma pratique, d'aider des enfants aux prises avec de l'anxiété, des peurs ou de la dépression à trouver ou à retrouver le jeu et son plaisir. Le jeu entre nous vient habiter un espace transitionnel dans lequel pourront se jouer, se raconter, s'extérioriser et se réparer les difficultés de l'enfant. Je pense ici à une jeune fille qui avait développé de l'anxiété à la suite d'un voyage en avion. Avec elle, nous avons joué et rejoué la scène de l'avion, changeant de rôle, tantôt j'étais elle, tantôt j'étais une maman, ou encore un personnage improvisé qui permettait une nouvelle perspective. À la fin de son année de thérapie, lorsque je lui ai demandé

25. Natanson, 2007.

ce qui l'avait le plus marquée de ses séances, elle m'a ramené à ce jeu.

Quelques suggestions de jeux selon l'âge de l'enfant

Même si je demeure convaincue que la meilleure activité est celle qui vient de votre passion et de vos intérêts, voici tout de même quelques suggestions de jeux en fonction de l'âge de l'enfant pour stimuler votre propre créativité.

De 0 à 9 mois

Stimuler ses sens; lui parler avec des vrais mots, l'écouter babiller, l'observer pour le connaître et voir son développement. Sur le plan visuel, lui présenter des couleurs vives et contrastantes, montrer votre environnement, jouer à «coucou» (jeu simple mais symbolique pour apprendre à l'enfant que la personne cachée revient après et est toujours là, donc dans la continuité et la séparation). Sur le plan auditif, nommer les différents sons du quotidien (la nature, les animaux), chanter des chansons. Sur le plan tactile, nommer les différentes textures, se laisser toucher le visage, le laisser jouer avec des articles de votre maison. L'important à cet âge est de respecter son rythme bien à lui et sa routine même si vous n'êtes pas d'accord avec les parents (nourriture, sommeil), ce qui lui procurera une sécurité intérieure en le maintenant dans du connu. On peut l'aider à vivre de petites frustrations, comme lorsqu'on lui retire un objet qui peut être dangereux pour lui, et le soutenir lorsqu'il a besoin de pleurer.

De 9 à 18 mois

Le laisser ramper, marcher, courir, l'initier aux comptines et aux chansons (qui rappellent le bercement, le rythme qui rassure) en acceptant les «encore!», lui faire sentir différentes odeurs ou lui faire découvrir la beauté de la nature, lui permettre de fouiller en toute sécurité, lui dire clairement où sont les limites pour sa protection car il ne connaît pas le danger et il peut être téméraire. Ma belle-mère avait proposé un jeu simple mais génial que ma fille adorait lorsqu'elle était chez elle. Elle pouvait fouiller dans une armoire à sa hauteur qui renfermait des contenants en plastique et quelques petites cuillères en plastique : des heures de plaisir ! Pour les enfants plus curieux qui cherchent à aller vers les autres armoires, dites-vous qu'à cet âge les enfants changent d'idée rapidement lorsqu'ils ne sont plus en contact visuel avec l'objet convoité. Il suffit de déplacer l'enfant pour qu'il ne voie plus cette armoire et lui en montrer une autre ou un autre objet qui pourrait l'intéresser.

De 18 à 36 mois

Le placer en contact avec d'autres enfants et lui montrer comment interagir (aller dans des parcs ou d'autres aires de jeux qui lui conviennent). À cet âge, les enfants sont très « physiques » et dans l'action, rarement passifs, on peut donc leur proposer des jeux comme la pirouette, la chatouille, le combat avec l'adulte, la course, la bataille de coussins, le jeu d'épées en mousse, etc. Puisque l'enfant aime également imiter les grands, il faut le laisser essayer vos souliers, vêtements, valises, sacs à main, chapeaux, casquettes, etc. Comme son besoin d'autonomie et d'affirmation est grandissant et que vous avez peut-être plus de temps que les parents à consacrer à l'enfant, essayez de le laisser faire par lui-même avant de lui offrir votre aide. Offrez-lui des choix, mais pas plus de deux à la fois (comme choisir entre deux jeux ou entre deux moments). Pour éviter certaines crises, on peut le prévenir quelques minutes avant la fin du jeu ou du départ. Et si la crise se produit tout de même, tentez de le protéger pour éviter qu'il se blesse. Pensez aussi au fait qu'avoir confiance dans les capacités de votre petit-fils ou petite-fille va l'aider à développer la confiance en soi.

De 3 à 6 ans

C'est à cette période que l'enfant a une imagination débordante, où tout est possible ; c'est la pensée magique. Vous pouvez lui proposer des jeux de déguisement ou confectionner des vêtements à partir de retailles de tissus, le maquiller, créer un théâtre de marionnettes, inventer des histoires avec des petits bonshommes et des petites voitures, faire des jeux de rôles, des mouvements de danse, des combats contrôlés, construire des cabanes dans le salon ou de vraies à l'extérieur, inventer en plein hiver un *beach party* ou un pique-nique au salon, réaliser un livre d'histoires à partir de photos, créer des devinettes chacun son tour, lui faire découvrir les trésors cachés de grand-papa et de grand-maman, faire du scrapbooking, etc. Vous pouvez stimuler sa créativité en l'exposant à différents jeux et en le laissant libre d'agir à sa guise et d'imaginer un jeu tout en étant à l'écart en l'observant, ou en vous laissant guider par son jeu, lui permettre d'utiliser différents matériaux (ciseaux, dessins, peinture, pâte à modeler, outils à grand-maman ou à grand-papa), être complice et répondre à ses innombrables questions !

À partir de 7 ans

Ici, ce n'est plus nécessaire que tout le monde gagne car l'enfant apprend à l'école les règles. C'est le temps des vrais jeux ayant des règles dans lesquels l'investissement intellectuel est source de plaisir. On peut penser ici aux jeux de société (Scrabble, Monopoly et autres), aux échecs, aux cartes. Comme ils sont de plus en plus habiles physiquement, les sports prennent plus d'importance dans leur vie. Les grands-parents peuvent en faire avec eux (tennis, lancers de la balle, lancers de basketball, vélo, etc.) ou encore, ce qui fait très plaisir aux petits-enfants (et aussi aux grands !), c'est lorsque les grands-parents vont les encourager dans leur sport, leurs activités, leurs cours ou leur spectacle de fin d'année.

« Nous prenions des informations régulièrement et participions à certaines de leurs activités lorsque l'on nous le demandait et que nous le pouvions. Je crois que les petits-enfants apprécient énormément ces présences. Également, le fait de souligner leur anniversaire de naissance prouve que l'on ne les oublie pas ! »

Alors, ne vous gênez pas pour vous informer de l'horaire des activités et spectacles de vos petits-enfants ! Même s'ils grandissent et que le raisonnement prend plus de place, les enfants continuent à apprécier les jeux qui stimulent l'imaginaire. Ces derniers seront probablement plus sophistiqués et auront des règles : jouer des pièces de théâtre avec une mise en scène, découvrir des textes de pièces existantes, s'inventer un personnage, créer des jeux-questionnaires, construire une histoire à tour de rôle à plusieurs, jouer au jeu du téléphone. Ils peuvent également aider de plus en plus grand-papa et grand-maman dans leurs tâches juste par plaisir et par fierté : jardinage, bricolage, cuisine, menuiserie, travaux de tous genres. Les enfants de cet âge ont grand besoin de se raconter, ils ont tellement à dire que l'oreille des grands-parents peut compenser celle des parents très occupés. Une grand-mère me racontait qu'elle prend plaisir à inviter plusieurs fois par année ses petits-enfants, tous d'âge scolaire, à un souper thématique (temps des fêtes, Saint-Valentin, etc.) et parfois même ils y passent toute une fin de semaine. Imaginez le temps qu'ils ont pour se raconter et vivre de beaux moments ensemble, avec leur grand-mère et leurs cousins.

Quand les petits-enfants et les grands-parents vieillissent

Alors que les petits-enfants gagnent en force, les grands-parents ne possèdent plus tout à fait les mêmes capacités. Les plus jeunes prennent alors conscience qu'ils peuvent être très utiles ; ils peuvent transporter plus facilement les objets lourds, porter les sacs d'épicerie, grimper sur une échelle, changer une ampoule, peindre un mur, réparer une clôture, etc. Ici, on peut se rappeler que le plus simple fait souvent partie des moments les plus agréables : aller manger une crème glacée, promener le chien, raconter une histoire ou son passé (sa naissance ou celle des parents, les folies des parents et grands-parents, comment c'était dans « l'ancien temps »), jouer aux cartes, aller à la piscine, marcher sous la pluie, se rappeler les chansons et les comptines du passé, jouer le rôle d'historien, faire découvrir les langues (espagnol, allemand, etc.) ou son instrument de musique, des photos de voyage de différents pays, etc.

Quant aux petits-enfants plus âgés et si la santé vous le permet, vous pouvez les amener à vos activités, leur faire découvrir des classiques, vous initier à la nouveauté et aux intérêts des plus jeunes : musées, spectacles, musique, pièces de théâtre, équipe sportive (football, baseball, hockey, etc.), une fin de semaine de pêche ou autres thématiques, etc. Les adolescents aiment bien être avec leur groupe d'amis ; vous pourriez alors faire des activités en proposant à votre petit-fils qu'un de ses amis vous accompagne, il vous trouvera alors peut-être très *cool* ! Et si l'adolescent a moins de temps à consacrer à ses grands-parents, ne vous sentez pas visé puisqu'il peut s'agir d'un besoin de distance face au monde des adultes ou de la famille pour se former sa propre identité, ou encore une façon de se protéger contre son angoisse face au vieillissement et à la mort.

Si vous désirez des idées de jeux afin d'animer les petits-enfants de tous âges, je vous suggère le livre de Lecarme, *Le grand livre des grands-parents*, où vous en trouverez un grand nombre tout faits ou à faire.

CHAPITRE 6

La transmission

Instaurer des traditions

L'un des plus importants rôles des grands-parents, c'est cette transmission familiale. Et qui dit transmission dit tradition et histoire familiales. Parfois, c'est à votre insu que les legs se font ; par exemple, chaque fois que vous racontez une anecdote ou un souvenir de votre passé ou de votre enfant à vos petits-enfants, ou encore lorsque vous faites une activité avec les petits que vous faisiez lorsque son parent était petit ou vous-même étant enfant. Vous pouvez également, et je vous le suggère fortement, créer et transmettre vos traditions : que ce soit l'organisation à chaque année d'une activité particulière (repas organisé, sortie sportive, etc.), à chaque mois d'une journée spéciale, des récompenses particulières, une façon autre de souligner les anniversaires, une chasse aux œufs ou un panier à la fête de Pâques, un repas à la cabane à sucre, le temps d'une cueillette de fraises, de pommes ou de citrouilles, etc.

Je me rappelle que ma mère et ma grand-mère maternelle se retrouvaient chaque mois de décembre pour toute une journée de pâtés et de tartes où je plongeais avec grand plaisir mes mains (et ma bouche!) dans la pâte et la farine. Lorsque ma grand-mère est décédée, ma mère et moi avons continué de le faire mais de façon moins régulière. C'est lorsque ma première fille a eu deux ans que je me suis souvenue de ces beaux moments et j'en ai parlé à ma mère qui a joyeusement repris contact avec cette tradition. Depuis, chaque année, nous revivons ensemble cette aventure selon les capacités de mes enfants (en fonction de leur âge) et au plaisir des papilles gustatives de toute la famille!

Autre exemple de tradition, une grand-maman me racontait que, chaque Noël, elle remettait un bas de Noël à ses petits-enfants. Elle s'était donné comme objectif d'augmenter le prix du cadeau donné et d'arrêter lorsqu'ils auraient 18 ans. Lorsque son premier petit-fils a atteint cet âge, il a appelé sa grand-mère pour lui demander de ne pas cesser de lui donner un bas de Noël. N'est-ce pas significatif? Ce geste symbolique l'a emporté sur la valeur monétaire.

Il y a aussi tous les biens et objets significatifs ayant appartenu aux générations précédentes et qui seront légués à des moments précis et en temps opportun; ils sont autant de témoins à la transmission familiale. On peut penser au collier ayant appartenu à l'arrière-grand-mère, à l'instrument de musique familial, aux photos des ancêtres, aux coupures de journal témoignant d'un événement familial, à un meuble fabriqué par l'arrière-grand-père, etc.

Les valeurs

Lorsque les enfants grandissent, ils sont plus disponibles à écouter et à imiter leurs grands-parents que leurs parents avec qui ils sont parfois en rivalité et en conflit. Lorsqu'il s'agit de valeurs à transmettre, les enfants apprennent davantage par imitation que par de simples paroles. Pour ce qui est des valeurs que vous pourriez léguer, vous pouvez vous poser des questions comme: «Quelles valeurs étaient importantes pour moi lorsque j'ai élevé mes enfants?», «Est-ce que mes valeurs sont différentes de celles de mes enfants?», «Comment faire pour transmettre ces valeurs à mes petits-enfants sans aller à l'encontre des parents?». Dans notre société de consommation et de haute vitesse où tout peut s'acheter et se trouver rapidement et individuellement, les grands-parents peuvent transmettre des valeurs tout autres avec leur vécu qui diffère souvent de celui de l'époque actuelle, comme l'amour inconditionnel, le partage, le respect, la valeur de l'argent. Voici quelques suggestions:

- Apprendre la patience: laisser l'enfant désirer un cadeau ou un jouet plutôt que de lui acheter au moment où il le demande;
- Favoriser la relation: accorder votre présence à l'enfant plutôt qu'une abondance de cadeaux;
- Démontrer de l'entraide: amener l'enfant dans des organismes d'entraide dont vous faites partie, l'aider à faire quelque chose et lui demander son aide à d'autres moments (comme l'aider à ranger ses jouets et lui demander de vous aider à ranger les outils et débarrasser la table);
- Développer l'honnêteté: lire des livres d'enfants sur ce sujet et, surtout, dire la vérité aux enfants puisque c'est la façon de leur enseigner qu'être honnête à long terme est garant de meilleures relations;

- Encourager les études : offrir d'amasser de l'argent pour les études ou payer les droits de scolarité si vos moyens vous le permettent plutôt que d'acheter plusieurs jouets aux enfants ;
- Respecter la nature et l'environnement : amener l'enfant se promener dans la nature, visiter des fermes ou votre terre et lui expliquer ce que vous savez et respectez ;
- Favoriser le plaisir : « Nous aimons bien acheter des vêtements pour nos petits-enfants lorsque nous sommes en Floride. La dernière fois, plutôt que de remettre simplement les sacs, j'en ai profité pour faire une parade de mode avec les petits, c'était vraiment un jeu plaisant. On ne met pas l'accent sur le coût des vêtements. » ;
- Faire valoir l'importance des liens familiaux : se déplacer pour rendre visite aux membres de la famille, organiser des journées familiales, regarder des photos de famille ou d'activités familiales, faire l'arbre généalogique ou parler du premier ancêtre.

Le passé et la transmission intergénérationnelle

Dernièrement, ma fille, qui donnait un concert de violon, a demandé à sa grand-mère d'y assister. Assise à mes côtés, ma mère, tout émue, me dit : « Ça me rappelle mon père ! » En fait, son père, décédé alors qu'elle avait à peine 15 ans, jouait du violon. Elle ne se souvenait pas de l'avoir vu jouer, mais elle en avait entendu beaucoup parler. De mon côté, je n'ai aucun souvenir conscient de ce fait et pourtant, la première toile que j'ai achetée pour la chambre de ma fille alors que je la portais en moi s'intitulait *La petite fille au violon* de l'artiste Danielle Richard. Je n'ai jamais suivi de cours de violon, préférant un autre instrument de musique, mais pour elle, j'avais ce désir. Hasard ou transmission ? me direz-vous. Ça ne vous est jamais arrivé de vous surprendre à répéter la même expression que votre mère ou votre père? À reconnaître chez votre partenaire une mimique ou un comportement déjà observé chez un membre de sa famille vivant ou décédé? De faire des liens entre vos enfants et un membre de votre famille? Il y a d'ailleurs plusieurs films ou séries qui témoignent de cette transmission intergénérationnelle, dont la populaire télésérie *Nos étés*.

Nous avons parlé de traditions et de valeurs à transmettre aux petits-enfants; certaines sont transmises consciemment et d'autres, inconsciemment. Mais il n'y a pas que cela; il existe tout un passé, toute une culture inconsciente qui se perpétue à notre insu. Il y a, entre autres, la projection de nos désirs (de réparation ou de restitution), les identifications (la ressemblance) à un membre de la famille et les non-dits (qui cachent souvent un secret de famille ou une blessure émotive importante qui peut apparaître sous forme de symptôme chez le petit-enfant). Selon Hélène Brunschwig, « toute personne humaine s'enracine dans une lignée. Elle est inconsciemment porteuse des rêves, des espoirs, des conflits, des déceptions, des interdits, des dettes morales de ses ascendants ». Mon travail de psychologue m'amène régulièrement à remonter les antécédents familiaux jusqu'à trois générations pour comprendre et donner un sens au symptôme ou à la demande de consultation; en voici quelques exemples.

Le premier est celui d'un jeune homme qui vient me consulter parce qu'il est aux prises avec des problèmes d'alcool; c'est son père qui l'envoie parce qu'il ne peut plus supporter cette situation. Ce jeune homme est très près de son père, sinon « collé » à lui comme un petit garçon cherchant à se distancier mais coincé à son insu. Au cours des séances, nous mettons en lumière les ressemblances de cet homme à son grand-père paternel, alcoolique, et très près de son fils (le père de mon patient). Le père, qui avait souffert de cet alcoolisme, avait appris à contrôler sa prise d'alcool, ce qu'il cherchait à faire également avec son fils mais en le maintenant dans une position de petit garçon. C'est en regardant les antécédents familiaux et les types de relation que le fils a pu admettre sa dépendance à l'alcool, mais aussi à son entourage.

Mon deuxième exemple est une petite fille d'âge préscolaire qui faisait des crises spectaculaires; elle en était insupportable aux yeux de sa mère. Au moment des consultations, je constate que les crises sont à mes yeux plus normales que spectaculaires et les trucs donnés pour contrôler les crises ne fonctionnent pas. Nous regardons alors les antécédents familiaux et ce que représente ce symptôme. Nous avons pu faire le parallèle entre cette petite et la sœur de la mère, avec qui elle avait rompu les liens sans vraiment s'en défaire véritablement, qui faisait des crises spectaculaires et qui aurait vraiment eu besoin de consulter. Lorsque la petite faisait des crises, la mère, replongée dans son regard d'enfant effrayé qui se cachait, voyait dans les yeux de sa fille la destruction que sa sœur faisait vivre à sa famille.

Nombreux sont les exemples de transmission inconsciente qui font partie des secrets de famille et se transmettent d'une génération à l'autre. Je pense ici à l'inceste et aux abus, au suicide resté caché, au bébé mort-né dont on n'a jamais parlé, à l'adoption d'un enfant en secret, au désir plus ou moins conscient de remplacer ou de faire revivre par une naissance un proche décédé (frère, sœur, parent, etc.). Tous ces événements génèrent des souffrances que la thérapie vient soulager en débroussaillant les non-dits afin d'éviter les répétitions à d'autres générations. Ces blessures, de crainte d'être répétées, demeurent cachées. « La peur de contaminer leurs enfants avec leurs souvenirs amène parfois les parents à se taire et les enfants à ne pas oser poser de questions. Parfois aussi, les mots restent dans la gorge, de crainte qu'il n'y ait pas d'oreilles pour les entendre. Mais la sérénité du vieillissement facilite souvent l'expression des paroles. Cette parole qui ne pouvait advenir avec les enfants devient possible avec les petits-enfants. Cicatrices sur le corps ou cicatrices de l'âme, ces marques indélébiles acceptent d'être touchées par les petites mains enfantines[26]. »

En effet, c'est en osant se dire et se raconter, soit à une personne neutre, soit à ses enfants ou à ses petits-enfants, que les grands-parents rendent accessible l'histoire familiale, la recréent et permettent à chacun de se la réapproprier à sa façon sans y rester coincé. En prenant une réelle distance émotive avec le passé, la nouvelle génération peut passer à autre chose et avoir une deuxième chance en étant différente. Il ne faut pas oublier que la réalité des parents s'est construite à partir de la réalité psychique de la génération précédente et ce qui peut être transmis se transforme et s'enrichit.

Quelques legs familiaux

« La mémoire favorise la gestion des souvenirs dont nous disposons, à la fois dans la mémoire individuelle ou familiale et dans celle d'une région, d'un peuple, de l'histoire, récits des aïeux, des livres de souvenirs, albums de photographies, vieux journaux, objets qui ont une histoire, mais aussi goûts alimentaires, recettes familiales, chansons, goûts artistiques, folklore familial, habitudes diverses, mais encore valeurs intellectuelles, sociales ou spirituelles. Tout ce patrimoine va contribuer à l'enracinement et à l'enrichissement de la personnalité du petit-enfant[27]. » Les lectures, les recherches et l'écoute de plusieurs grands-parents qui m'ont conduite à écrire ce

26. Natanson, 2007.
27. Natanson, 2007.

livre ont apporté quelques réflexions sur des objets à fabriquer soi-même comme grands-parents et transmetteurs de l'histoire familiale. Je les partage avec vous.

- Écrire un livre de vos recettes préférées;
- Rédiger un cahier souvenirs;
- Écrire un livre-mémoire aux enfants et aux petits-enfants sur votre passé et ce que vous connaissez de vos ancêtres;
- Faire un album de photos de vos meilleurs moments, de vos plus grandes réalisations (les avoir pris en photo au préalable!) que ce soit des peintures, des captures à la pêche, des constructions ou autres;
- Faire votre arbre généalogique jusqu'au tout premier arrivant;
- Enregistrer votre répertoire de chansons préférées ou de berceuses pour les enfants et les petits-enfants;
- Vous filmer en pleine action durant vos heures de contes et d'histoires;
- Faire aller votre imagination à partir de votre propre histoire.

Rassurez-vous, il n'est pas nécessaire de posséder un diplôme universitaire ou une expertise quelconque pour laisser ces souvenirs familiaux entre les mains de vos descendants. Et pour que la transmission se fasse, pourquoi ne pas s'y efforcer à un âge plus ou moins avancé, au moment où la vie le permet encore!

Voici des témoignages de grands-parents sur ce qu'ils désirent que leurs petits-enfants gardent d'eux.

- «Le souvenir d'une personne joviale, heureuse, qui chante la vie, qui chante en jouant. Une mamie ouverte et à qui on peut se confier. J'espère transmettre à mes petits-enfants les bienfaits du chant: la joie qui nous anime, la grande quiétude que ça nous apporte!»

- «J'aimerais qu'ils se souviennent de ma soupe et de ma sauce à spaghetti faites avec un amour de grand-mère... et peut-être leur laisser mes recettes!»
- «Que j'ai toujours été là pour les accueillir le dimanche pour souper, que la maison des grands-parents signifiait la sécurité.»
- «Qu'ils se rappellent ma présence, ma disponibilité, que je leur faisais plaisir et que je faisais des choses différentes avec eux.»
- «Que je leur ai consacré beaucoup de temps, que je les ai aimés beaucoup et que je les aime!»
- «J'aimerais qu'ils sachent que je les ai aimés sans retour, inconditionnellement!»
- «Je veux que mes petits-enfants gardent de moi l'image d'une personne attentive à leurs besoins, peut-être une oasis de paix à certains moments. Peut-être se rappelleront-ils certaines berceuses, certains airs que je leur chantais, certaines histoires ou contes quand ils les chanteront ou les raconteront à leurs propres enfants. Un jour qu'ils amèneront leurs petits au parc, ils se souviendront peut-être du plaisir que nous avions à courir après nos bulles de savon ainsi que de nos fous rires.»

Chapitre 7

Quelques témoignages de grands-parents

Michel Lemay

Pédopsychiatre au Centre hospitalier universitaire Sainte-Justine à Montréal, professeur titulaire de psychiatrie à la faculté de médecine de l'Université de Montréal et auteur de nombreux ouvrages dont *Les psychoses infantiles, J'ai mal à ma mère, De l'éducation spécialisée, Famille, qu'apportes-tu à l'enfant?* et *L'autisme aujourd'hui*, le docteurr Lemay est une personnalité très connue de tous ceux qui travaillent ou s'intéressent de près ou de loin au domaine de l'enfance et de la famille.

S'appuyant sur une pratique de plus de 40 ans, Michel Lemay est un conférencier et pédagogue exceptionnel, renommé tant au Québec qu'en Europe. C'est d'ailleurs lors d'une conférence qu'il a offerte aux Centres jeunesse que je l'ai entendu pour la première fois. À ce moment, la communicatrice et pédagogue en moi a été immédiatement fascinée par cet homme qui sait être articulé sur le plan théorique, par sa grande capacité à rendre concrets des éléments difficiles à vulgariser et par sa facilité à transmettre sa passion et son investissement auprès des familles. Une amie me confiait d'ailleurs en parlant du docteur Lemay: «On sait qu'on est en présence d'un grand homme lorsqu'on ne se sent pas diminué.» Ce qui représente bien sa simplicité. Je l'ai rencontré à d'autres occasions, entre autres lors de formations et de colloques de psychodrame où il était en pleine action dans le jeu, tant avec des enfants que des adultes. Je peux maintenant facilement l'imaginer en tant que grand-père, prendre plaisir à jouer avec ses petits-enfants, ce que vous lirez dans les lignes suivantes, puisqu'il a accepté avec générosité de m'accorder une entrevue téléphonique, malgré la perte toute récente de son épouse.

Tout d'abord père de cinq enfants, il est maintenant grand-père de quatre petits-enfants âgés entre 9 et 15 ans. C'est à l'âge de 63 ans qu'il a appris avec beaucoup de joie qu'il allait devenir grand-père. Son épouse et lui attendaient d'ailleurs ce moment, se demandant si leur tour allait arriver. Et lorsque les autres petits-enfants ont suivi, ce fut pour lui un grand bonheur chaque fois.

Pour Michel Lemay, devenir grand-père a fait remonter en lui le souvenir d'avoir été père, en vivant un peu d'ambivalence: «Ça remet en cause ce qu'on a fait en tant que parent. Du coup, on désire que nos enfants ne nous copient pas mais, en même temps, on se dit que ce n'est pas exactement comme ça qu'on ferait.» À travers ses petits-enfants, il constate qu'il est plus libéral, donc plus tolérant et moins autoritaire que lorsqu'il était père.

Lorsque je lui demande quel type de grand-père il est, il dit aimer beaucoup jouer avec ses petits-enfants, que ce soit au ballon, à des jeux de société ou encore leur raconter des histoires pour le grand plaisir de tous. Il est également un confident pour les plus âgés de ses petits-enfants qui lui disent: «Papi, viens au bord de mon lit pour qu'on parle...» Avec une de ses petites-filles, qui aimait bien le grimer[28], il jouait à être le miroir de la petite qui lui demandait: «Miroir, miroir, qui est la plus belle?» et toutes les réponses du miroir étaient permises... alors vous pouvez imaginer! Michel Lemay n'hésite pas à dire qu'il est également un grand-père avec ses limites, qui se fâche devant les caprices des petits, pendant les repas par exemple. Comme il habite près de deux de ses petits-enfants, ceux-ci viennent régulièrement, même que c'est son épouse qui leur faisait faire leurs devoirs. Il se retrouve donc un peu dans son rôle de père à travers les devoirs des petits.

En comparant son rôle de grand-père à celui de son épouse comme grand-mère, il a l'impression qu'ils vivaient une complémentarité. Les petits-enfants ne disaient pas la même chose au grand-père et à la grand-mère, les confidences étaient différentes. Son épouse était très joyeuse, aimait bricoler avec les petits, faire de la peinture, des activités artistiques et était présente dans les préparatifs de Noël. Par contre, peut-être dû au fait qu'elle était pédagogue, elle était plus sévère et exigeante pour les travaux scolaires.

Comme il y a une différence quant à la distance physique des petits-enfants, ça crée un peu de jalousie entre eux. Ceux plus éloignés lui reprochent de voir les autres plus souvent ou encore de dormir régulièrement chez lui. Par contre, selon le grand-père, ceux

28. Transformer l'apparence en utilisant du maquillage ou des accessoires.

qui habitent plus loin sont plus proches de leurs grands-parents maternels.

Pour ce grand-père de 78 ans, il apparaît important de ne pas se mêler aux décisions de ses enfants concernant l'éducation des petits, à moins de fautes majeures. Ses rôles auprès de ses enfants consistent à être à leur disposition afin que ceux-ci vivent du temps en couple, à permettre à la famille de se réunir, à assurer une continuité entre frères et sœurs. Pour lui, la filiation est très importante et, de fait, son épouse et lui ont produit un document racontant l'histoire familiale pour chacun des petits-enfants, tout en prenant soin d'intégrer les éléments de l'histoire de la bru ou du gendre. Dans le sens de la filiation, on peut comprendre sa fierté lorsqu'on lui a demandé de marier son fils avec sa conjointe lors de la cérémonie officielle.

Lorsque Michel Lemay compare l'époque actuelle à celle où il était père, il ne voit pas beaucoup de différences quant aux valeurs qui sont transmises. Il considère davantage une continuité chez ses enfants sur le plan de l'éducation et des voyages. Par contre, sur le plan technologique, la différence est plus marquée, de même que dans le temps passé à regarder la télévision. Autre différence constatée, le mariage : à son époque, les gens se mariaient avant d'avoir des enfants, alors que ses propres enfants ont plutôt attendu d'être certains de leur couple et que leurs enfants soient assez grands pour comprendre ce qu'est le mariage avant de passer l'anneau. D'un autre côté, lorsqu'il remonte à l'époque de son père, le décalage est plus grand, surtout pour ce qui est de la sévérité et d'une discipline plus stricte.

Pour le docteur Lemay, les grands-parents sont des témoignages de la vie, un pont entre la génération précédente et la génération future. Ils ont une mission importante : parler aux petits-enfants du sens de la vie et des origines. Les grands-parents ont connu l'histoire de leurs enfants et peuvent la transmettre à leurs petits-enfants afin de leur permettre de se projeter dans l'avenir. En ce sens, pour ce couple de grands-parents, il était important de parler ouvertement du cancer de sa femme aux petits-enfants pour que ceux-ci soient confrontés à la mort et à la vulnérabilité de la vie. D'ailleurs, les grands-parents ont eu à répondre à plusieurs questions de leurs petits-enfants concernant cette fatalité. Pour témoigner de l'importance de cette mission de grands-parents, Michel Lemay mentionne que ses propres enfants, qui n'ont pas eu la chance d'être près de leurs grands-parents, en parlent comme un manque vécu.

En terminant, ce grand-père aimerait que ses petits-enfants gardent de lui une image de personne qui les aime, qui les soutient, avec qui ils sont libres de parler et de jouer. Et, bien sûr, qu'ils conservent de bons souvenirs.

Louisette Dussault

Née d'une famille de musiciens et artiste dans l'âme, Louisette Dussault a tout un curriculum vitæ (que vous pourrez approfondir en consultant le http://archives.emissions.ca/artisan_1869.html). De la scène à la radio, en passant par le cinéma et l'écriture, son talent est sans conteste. Elle a interprété plusieurs rôles dans des pièces de théâtre dont *Les belles-sœurs, La nef des sorcières* et *Les fées ont soif.* Ses talents d'auteure l'amènent à écrire et à interpréter son premier spectacle solo en 1979, *Môman*, qui a eu beaucoup de succès tant au Québec qu'à l'étranger (prix d'interprétation au Festival international de Sitges en Espagne en 1982). À la télévision, plusieurs Québécois de ma génération l'ont connue en tant que *Souris verte*, tant aimée des enfants... et des grands ! Plus tard, ce fut dans le téléroman *Marilyn* que les plus grands l'ont suivie puis, en 2000, elle est devenue l'une des *Super mamies*. Elle a également participé au téléroman *Rumeurs*. Par son engagement social, elle s'est vu décerner le prix Gascon-Thomas du bureau des gouverneurs de l'École nationale du Canada, le prix Victor-Morin de la Société Saint-Jean-Baptiste ainsi que le prix Méritas Arts et Culture du YWCA.

En consultant son curriculum vitæ, on se demande parfois comment elle a fait pour en faire autant! C'est au Ristorante Il Teatro du cabaret Le Capitole de Québec que Louisette Dussault m'a donné rendez-vous pour un déjeuner causerie. En la voyant, j'ai réalisé toute l'énergie que cette femme de 69 ans dégage et, du coup, je l'ai imaginée déjà jouant par terre avec ses petits-enfants, ce que d'ailleurs elle me confirme durant notre entrevue.

À 34 ans, tout en continuant sa carrière, elle a mis au monde ses jumelles (elles ont joué dans la série *Watatatow*) et est maintenant grand-mère de quatre petits-enfants de 2 à 9 ans. En effet, l'une d'elles, tout en étudiant, a eu quatre enfants tandis que sa sœur, récemment mariée, docteure en biologie et préparant un post-doctorat, ne l'étonnerait pas trop en lui annonçant une grossesse prochaine! Il y a de l'énergie dans cette famille.

Elle dit avoir vécu un sentiment de bonheur intense à la venue de son premier petit-fils du fait que, dans la famille, on fabriquait plutôt des filles! Louisette s'est beaucoup impliquée auprès des deux premiers qui n'avaient que 18 mois de différence, afin d'aider la mère qui, à l'époque, peaufinait sa maîtrise en arts interdisciplinaires. Mamilou Dussault semble entière dans ses engagements et se donne à fond dans tout... peut-être un peu trop, se plaint son entourage! Dernièrement, malgré ses engagements que lui impose une tournée théâtrale au Québec, elle s'est rendue au Vermont pour aller voir son petit-fils jouer dans sa première pièce de théâtre.

Souriante, spontanée et généreuse d'elle-même et de son temps, Louisette Dussault confie s'être réconciliée avec le fait que beaucoup de gens la reconnaissent encore comme la Souris verte oubliant les milliers de projets dont elle a fait partie. «Il me faut accepter la reconnaissance de la tendresse que j'ai donnée aux enfants du Québec pendant cinq ans (750 quarts d'heure). Avant chaque tournage, je me concentrais derrière les petits volets de ma maison de souris en me disant: "Quand je les ouvrirai, je regarderai la lentille de la caméra comme l'œil d'un enfant que j'aimerais ardemment."» Nous voilà replongées dans l'émotion qui l'habitait à cette époque alors que ses yeux et ses dix doigts se tendent dans la position inoubliable «Dix moutons, neuf moineaux...». Quel beau moment! Je réalise alors toute la sensibilité et la capacité que possède cette femme pour rejoindre le cœur des autres en général et des enfants en particulier.

Mère séparée, elle était très près de ses filles et cherchait à compenser l'absence temporaire du papa. Comparativement à son vécu de mère, elle constate que sa fille met plus de limites à ses enfants qu'elle-même; elle avoue qu'elle en faisait beaucoup (trop?). Elle considère sa fille comme une très bonne mère. Après avoir assisté aux deux derniers accouchements de sa fille, Louisette réalise la force qu'elle possède en elle, un peu comme si elle reconnaissait le statut de mère en sa fille. «Quand il y a des petits problèmes, j'essaie de laisser parler mes filles plutôt que de leur donner des conseils, mais parfois, c'est plus fort que moi, hein? Ah! Ah!»

«En étant grand-mère, je suis moins offusquée par les comportements spontanés des enfants.» Elle donne l'exemple de la curiosité sexuelle des petits qu'elle prend avec un grain de sel. À son époque, les réactions des adultes pouvaient traumatiser les enfants. «J'apprécie plus mon rôle de grand-mère en n'habitant pas sous le même toit qu'eux. Car lorsqu'ils viennent pour un séjour, c'est intense; je deviens à nouveau la super mamie, la copine de jeux et après c'est... ouf!» On retrouve ici Louisette Dussault à son naturel où elle se donne à 150 % dans ce qu'elle fait.

De sa grand-mère paternelle, elle garde son extraordinaire sens de l'humour, sa spontanéité et son sens du rythme. Son côté artistique est l'héritage de sa mère et de son père, tous deux artistes, mais également, lui dit-on, de sa grand-mère maternelle qu'elle n'a jamais connue. Devenue grand-mère à son tour, elle désire transmettre à ses petits-enfants le plaisir de jouer, la tendresse et l'amour qu'elle leur porte, l'ouverture sur le monde, saisir l'instant du moment: écouter les oiseaux, respirer les parfums des fleurs, jouer des personnages, chanter ensemble pendant les promenades et, si possible, leur laisser un petit coussin financier pour contrer son inquiétude de grand-mère.

Jean-Marc Chaput

Consultant et conférencier international dans les milieux gouvernementaux, universitaires et privés depuis plus de 35 ans, Jean-Marc Chaput est reconnu pour ses talents de communicateur et de motivateur. Aujourd'hui grand-père de 22 petits-enfants (de 4 à 30 ans), ce père de cinq enfants, qui ont entre 47 et 56 ans, partage sa vie avec sa conjointe Céline depuis plus de 57 ans et dit d'elle qu'elle est sa sécurité, sa joie et sa sagesse. M. Chaput a connu un parcours personnel et professionnel à l'image de l'homme: tout sauf ordinaire. Il a en outre collaboré à plusieurs journaux et magazines en écrivant des articles sur les sujets qu'il affectionne: la vie, l'homme, la peur et l'amour. Auteur de plusieurs livres et maintenant d'un DVD de sa dernière conférence *Politiquement incorrect!*, il demeure indémodable et intemporel et rejoint avec autant de facilité les étudiants du collégial que les présidents d'entreprise. Pour en savoir plus, consultez son site Internet: www.jean-marcchaput.com.

Jean-Marc Chaput est un homme que je connais depuis fort longtemps pour ses écrits, conférences et nombreuses entrevues radiophoniques et télévisuelles. Je me souviens également de ma mère l'écoutant avec beaucoup d'intérêt, ce à quoi je me suis identifiée fort probablement ! Maintenant, je le connais un peu différemment puisque les hasards de la vie ont fait en sorte qu'il est un grand ami de mes beaux-parents. J'ai toujours grandement apprécié l'écouter et le lire, tellement que j'ai osé solliciter sa participation à ce livre et il a gentiment accepté. C'est même de lui que je tiens l'idée de créer un questionnaire à soumettre à d'autres grands-parents ; voici donc ses réponses.

« Lorsque j'ai appris que je serais grand-père pour la première fois, j'avais 50 ans. Ma réaction a été de réaliser combien la vie est belle de pouvoir donner la vie par personne interposée, un fils que j'adore. Je me suis senti utile pour la suite des choses. J'ai placé mon maillon dans la grande chaîne de l'humanité. Et lorsque les autres petits-enfants ont suivi, ça a été un grand espoir dans la vie. Un dicton juif dit qu'il faut laisser à ses enfants des racines et des ailes. Mon Dieu que j'étais béni de fournir autant de paires d'ailes à tous ces humains qui feraient en sorte de bâtir un monde meilleur !

« Devenir grand-père, ça a changé ma façon d'entrevoir la famille : j'en avais une qui allait en s'élargissant. Et le fait d'avoir plusieurs petits-enfants, ça a été une fierté d'avoir réussi à transmettre à mes enfants la valeur famille qui semble ne pas avoir la faveur de notre société de confort.

« Quel type de grand-père suis-je ? Pour moi, la différence entre une grand-mère et un grand-père, c'est dans la façon de voir la vie. Comme homme, il faut se rappeler que c'est lui qui voit à subvenir aux besoins de sa progéniture ; il y a donc un sens de l'action, de bouger plus grand. Il transmet une image d'action et d'urgence de bouger qui est loin de la contemplation du moment. Si on joue, il faut le faire comme si la vie en dépendait. On est plus, il me semble, porté à prendre les risques de l'aventure que la sécurité du foyer.

«En tant que grand-père, mon rôle auprès de mes enfants est celui de la roue de secours. On est là si le besoin s'en fait sentir. Mais on sait se faire discret et savoir se retirer sur la pointe des pieds. Il faut éviter l'ingérence, faire des comparaisons avec notre propre expérience et devenir moralisateur.

«Pour moi, la différence entre être parent et être grand-père, c'est qu'on a déjà vécu quelque peu l'expérience, celle d'un bébé qui pleure, celle d'un enfant qui fait un coup pendable, celle d'un adolescent avec sa première expérience de l'amour. On a la sécurité du déjà-vu même si on n'a pas tout expérimenté. C'est la sagesse qui ne vient qu'avec le poids de l'âge.

«Jusqu'où puis-je aller dans mes commentaires auprès de mes enfants dans leur rôle de parent? Pas très loin et sur la pointe des pieds. Il est préférable de laisser aller les choses plutôt que d'intervenir et de gâter une relation qui peut prendre beaucoup de temps à se refaire.

«Ce que j'ai aimé et moins aimé de mes parents lorsqu'ils étaient grands-parents, c'est de sembler toujours porter un jugement sur notre façon d'agir et d'élever nos enfants. Je sais qu'ils ne le faisaient pas pour blesser, mais des remarques quelque peu désobligeantes pour nous me reviennent encore en mémoire, à ma femme et moi.

«Lorsque je compare les parents de l'époque actuelle et l'époque où j'étais moi-même parent (éducation, famille, travail, loisirs, obligations, valeurs, etc.), je constate que c'est le jour et la nuit, ne serait-ce que le fait du travail de la mère à l'extérieur qui brusque la vie familiale à la maison, qui donne un tempo accéléré à la vie, ce qui ne peut que produire des dépressions. Je ne nie pas le droit à la femme de pouvoir exercer une profession ou un métier, mais la profession de mère au foyer prend le bord. On fait tout plus vite, et le centre d'intérêt de la vie n'est plus la famille, mais la profession. On a reproché souvent aux hommes de passer trop de temps au bureau, mais il me semble qu'il se passe beaucoup plus de temps quand les deux parents sont à l'extérieur toute la semaine.

«En tant que grands-parents, une des difficultés de la vie est d'être confrontés à la maladie tant d'un conjoint que d'un enfant car nous sommes impuissants face à cela. Par contre, je réalise que nous avons un certain contrôle sur la vie et, surtout, sur le bonheur que nous choisissons de vivre. Il faut donc la vivre pleinement, oser vivre des moments de bonheur. Je veux que mes petits-enfants gardent de moi l'image d'un homme qui aimait la vie et qui voulait la vivre à 300 %... C'est ça la vie pour moi!»

Marie Tifo

Actrice québécoise née à Chicoutimi (Québec), diplômée du Conservatoire en 1971, elle possède un imposant bagage de plus de 30 ans de métier: plus de 28 films et une centaine de pièces de théâtre. Gagnante de plusieurs prix, dont le Gémaux de la meilleure interprétation premier rôle féminin en 1989 et le Génie de la meilleure actrice dans le film *Les bons débarras* en 1981 qui, selon elle, a propulsé sa carrière. Plus récemment, elle s'est retrouvée dans les téléséries *Les poupées russes, Les sœurs Eliott* et dans le film *Séraphin: un homme et son péché*. Pour de plus amples informations sur sa carrière, vous n'avez qu'à taper son nom sur un moteur de recherche Internet pour trouver tout un éventail d'articles sur cette artiste connue et appréciée du public.

Marie Tifo est la conjointe de l'acteur et homme politique québécois Pierre Curzi. C'est en pensant à eux comme couple que l'idée m'est venue de les contacter pour ce livre. En communiquant avec le cabinet de M. Curzi, son attaché politique m'a rapidement mise en communication avec Marie Tifo pour qui, vous le verrez plus loin, le rôle de grand-maman occupe une place très importante.

Pendant l'entrevue téléphonique, j'ai eu le plaisir de l'écouter parler de son rôle auprès de ses petits-enfants. En entendant sa douce voix, j'imaginais facilement cette jeune grand-maman passionnée par la vie et par la nature.

Marie Tifo et Pierre Curzi font partie de la génération des familles recomposées. Elle est mère d'un garçon, à son tour père de deux filles (de 2 et 4 ans), alors que son conjoint est père d'un garçon et d'une fille qui ont engendré respectivement deux filles (1 et 3 ans) et un garçon (9 ans). Elle me confie qu'elle ne voit pas de différence quant à l'amour qu'elle porte aux petits-enfants, qu'ils soient issus de son fils ou des enfants de son conjoint. Pour elle, la différence se situe davantage dans la fréquence des rencontres. Par exemple, le fait de garder plus souvent ses petits-enfants lui permet de développer des affinités avec eux alors que les voir moins régulièrement fait en sorte qu'elle s'ennuie d'eux. « Avec ceux que je vois moins souvent, je m'organise pour planifier un brunch une fois par mois. »

« Je fais partie de ces femmes qui ont dû se sacrifier pour faire carrière ; travailler et être soutien de famille en même temps fait en sorte que j'ai l'impression d'avoir moins vu grandir mon fils... mais je me reprends avec mes petites-filles ! » Lorsque Marie Tifo parle de l'époque où elle était mère, elle demeurait loin de sa famille et a dû élever son fils seule et sans aide. Elle comprend que les parents d'aujourd'hui ont aussi un horaire difficile et peu de temps pour leurs enfants, ce qui la porte à offrir à ceux-ci des moments en couple en gardant ses petits-enfants. « Lorsque j'étais mère, j'étais mal à l'aise de partir du travail pour aller chercher mon enfant à la garderie alors que mes collègues restaient travailler. Aujourd'hui, il en est tout autrement ! Les changements dans les politiques familiales et les congés de maternité aident les femmes et les familles. » Elle constate une autre différence entre ces deux époques : « On ne jouait pas avec les enfants. » En effet, les femmes ne se permettaient pas ce laisser-aller alors que les jeunes femmes d'aujourd'hui jouent avec leurs enfants et parfois même les « animent ».

Lorsqu'elle compare le rôle de grand-mère à celui de grand-père, elle trouve que son conjoint est moins présent au quotidien puisqu'il est encore très impliqué dans son travail. Par contre, il favorise des moments privilégiés avec ses petits-enfants (aller à la pêche, par exemple). Son conjoint serait, selon elle, un grand-papa adoré et respecté de ses petits-enfants, « un grand-papa idéal ! ». Même si les petits ne le voient pas quotidiennement, ils ont la chance de le voir à la télé.

« Je suis la partie rêveuse de mes petits-enfants », dit-elle. Elle se souvient de sa grand-mère Tifo qui la berçait tout en lui racontant des histoires, ce qu'elle vit et transmet d'ailleurs à son tour à ses petits-enfants. Ce talent, parmi tous les autres, l'a amenée à leur raconter l'histoire de la petite Callas, publiée en conte de Noël et que j'ai lue avec grand plaisir dans le quotidien *Le Soleil* du 24 décembre 2008.

Marie Tifo prend plaisir à construire des cabanes avec ses petits-enfants, à organiser des fêtes et des courses de « cocos », à les initier à la nature et aux animaux. « Notre maison est adaptée aux petits-enfants, ils peuvent courir. » Autre élément qui fait partie de son organisation familiale, et dont mon oreille de psychologue écoute avec intérêt, est le rituel face à la naissance et à la mort. À chaque nouvel enfant, un arbre différent est planté sur leur terrain. Lorsqu'il y a une mortalité, un arbre est également ajouté au cours d'une cérémonie comme pour représenter la vie qui continue.

Benoît Clotteau

À 66 ans, M. Clotteau a 4 enfants et 11 petits-enfants. Il est psychoéducateur, psychothérapeute conjugal et familial, chargé de cours à l'Université de Sherbrooke et directeur de l'IFACEF (Institut de formation d'aide communautaire à l'enfance et à la famille) où il s'implique activement auprès des familles de toutes sortes. Pour en savoir plus, vous pouvez visiter le site Internet www.ifacef.com. M. Clotteau est également membre fondateur de l'Association des psychodramatistes de Québec. Je l'ai d'ailleurs connu lors d'une formation en psychodrame de groupe où j'ai appris beaucoup tant sur le plan personnel que sur le plan professionnel. Par sa sensibilité de thérapeute et par son côté humain, il a su apporter un regard différent sur les relations familiales. C'est durant cette formation que j'ai écrit mon premier livre qui porte sur la famille, fort probablement en lien avec ce qu'il nous a transmis. Par la suite, il a gentiment accepté de répondre à mon questionnaire; voici son témoignage en tant que grand-père.

«J'avais 50 ans lorsque j'ai appris que je serais grand-père pour la première fois. J'étais très heureux et je me suis senti vouloir être à nouveau père... Il a fallu attendre le neuvième petit-enfant pour vivre la joie d'une petite-fille. Devenir grand-père a changé très peu de choses, car j'ai continué à vivre les mêmes occupations professionnelles. Par contre, le fait d'en avoir plusieurs m'a donné le désir de transmettre certaines valeurs et un plaisir plus grand que celui de parent, car on ne s'occupe pas de leur éducation, donc moins de frustrations à leur faire vivre.

«Je crois que je suis un grand-père qui veut leur transmettre que la vie est une aventure et qu'ils ont à développer leur imagination et leur créativité. Je me vois comme plus tourné vers l'accueil, le partage des émotions et des difficultés. Je ne suis ni le gardien ni le conseiller. J'essaie plutôt d'être à l'écoute et de favoriser des moments de rassemblement.

« Auprès de mes enfants, j'interviens le moins possible car ils élèvent leurs enfants différemment et ça ne me regarde pas, sauf s'ils me demandent des conseils. Ce qui arrive parfois.

« Ce que j'ai moins aimé de mes parents lorsqu'ils étaient grands-parents, c'est qu'ils fassent des différences dans leurs préférences auprès de leurs petits-enfants et qu'ils le montrent. Ce que je tente de ne pas répéter.

« Lorsque je compare les parents de l'époque actuelle et celle où j'étais moi-même parent, je constate qu'il y a beaucoup trop de laisser-faire, qu'on protège trop les enfants, que la différence (le respect) entre les générations s'en va et que, contrairement à ce qui est dit, il y a beaucoup trop de facilités actuellement. Les enfants ont tout ce qu'ils désirent sans faire d'efforts pour le mériter. On prépare une génération qui n'est pas habituée à se battre. Par ailleurs, les parents se culpabilisent de ne pas en faire assez alors qu'ils en donnent beaucoup plus que par le passé. Le couple conjugal est pénalisé par rapport au couple parental.

« Nos petits-enfants sont notre antidote à l'angoisse de la mort. Ils nous prolongent dans l'avenir en gardant quelque chose de nous. »

Égide Royer

Égide Royer, professeur au département d'études sur l'enseignement et l'apprentissage à l'Université Laval, se spécialise en adaptation scolaire. Il a écrit plusieurs ouvrages dont *Le chuchotement de Galilée* et *Comment être le bon parent d'un élève difficile* (Éditions École et Comportement).

C'est à l'occasion d'une fête à l'université que j'ai eu la chance de parler avec M. Royer, père de quatre enfants dont des triplés et maintenant grand-père de six petits-enfants. En rédigeant mon questionnaire pour mon livre sur les grands-parents, l'image de l'étincelle dans les yeux de cet homme parlant de ses petits-enfants m'est revenue en mémoire. C'est alors que j'ai osé lui demander de répondre à mon questionnaire, ce à quoi il a si gentiment acquiescé en précisant «Bonne idée!» tout comme un bon papa le ferait.

«Lorsque j'ai appris que je serais grand-parent pour la première fois, j'avais 50 ans. Ma réaction a été le bonheur total! Je me suis senti en train de me projeter vers le futur et cela a changé ma manière de voir la vie... encore. Lorsque les autres petits-enfants ont suivi, ça a été comme si mon clan prenait de l'ampleur et j'avais le sentiment de vivre de l'abondance.

«Pour moi, la différence entre une grand-mère et un grand-père, c'est une perception différente quant à la descendance. Mes petits-fils constituent la douzième génération de Royer, depuis l'arrivée de l'ancêtre en 1659. La différence entre être parent et être grand-parent, c'est d'être très près affectivement, sans la responsabilité des soins de tous les jours. Lorsque je compare les parents de l'époque actuelle et celle où j'étais moi-même parent, je constate que le soutien social et parental, offert par l'État, est de loin supérieur.

«En tant que grand-père, mon rôle auprès de mes enfants consiste à les soutenir dans leur propre rôle de parents. Je suis très réservé quant à mes commentaires, à moins qu'on ne me demande mon avis.

«J'aimerais que mes petits-enfants gardent de moi le souvenir d'un grand-père affectueux et blagueur.»

Christiane Grégoire

Christiane Grégoire est agricultrice depuis 10 ans et propriétaire de la Ferme la Rosacée, située à Saint-Pierre-de-l'Île-d'Orléans, qui offre l'autocueillette de fraises, de framboises et de bleuets ainsi que la vente de différents produits maison. Pour plus de renseignements, vous pouvez consulter le site Internet www.iledorleans.com/fra/artisans/ferme-la-rosacee.asp. Mme Grégoire est mère de trois enfants et grand-maman de deux petits-enfants ; voici son témoignage.

« Lorsque j'ai appris que je serais grand-mère pour la première fois, j'avais 56 ans. Ma réaction a été de pleurer de joie, trop émue pour féliciter les nouveaux parents. Je me suis sentie euphorique, privilégiée et comblée de bonheur. Lorsque l'autre petit-enfant a suivi, ça a été un autre moment magique, surtout lorsque j'ai vu ma belle-fille se flatter le ventre.

« Devenir grand-mère a changé ma façon de voir ma retraite. Je pense beaucoup moins à vivre des expériences à l'étranger sur une longue période, mais je veux en vivre quand même sur une période plus courte, quelques mois à un an. Avoir un ou plusieurs petits-enfants, ça a été un privilège, un cadeau du ciel. On se sent revivre, utile à nouveau à nos enfants. Comme je l'ai dit à mes amies, je suis rendue deux fois millionnaire.

« Je pense être une grand-maman attentionnée, attentive et compréhensive, ne voulant rien manquer de l'évolution de ses petits-enfants.

« En tant que grand-mère, mon rôle auprès de mes enfants est de leur donner toute l'aide, tout le soutien possible en étant discrète. Et de leur montrer ma confiance dans leur nouveau rôle de parents.

«Pour moi, la différence entre être parent et être grand-mère est d'avoir toutes les joies qu'un enfant peut vous apporter, sans toutefois avoir les responsabilités que son éducation entraîne.

«Jusqu'ou puis-je aller dans mes commentaires auprès de mes enfants dans leur rôle de parents? Je crois que l'on peut tout dire à ses enfants sur leur rôle de parents, tout en les respectant et en leur montrant notre confiance dans leur capacité de prendre les bonnes décisions pour leur enfant et en faisant confiance dans leur bon jugement.

«Ce que j'ai aimé de mes parents lorsqu'ils étaient grands-parents, c'est leur soutien, leur présence et leur amour inconditionnel auprès de mes enfants.

«Lorsque je compare les parents de l'époque actuelle et celle où j'étais moi-même parent, je crois que les différences ne sont pas si grandes. Les parents ont le même but: le bonheur de leurs enfants. Les parents de l'époque actuelle essaient d'inculquer à leurs enfants les valeurs et les principes que nous leurs avons transmis. Par contre, la pression sociale de la performance est beaucoup plus grande, surtout pour les femmes. C'est pourquoi les parents ont besoin de soutien et de compréhension.

«Je veux que mes petits-enfants gardent de moi cette relation privilégiée que j'ai avec chacun d'eux, mon émerveillement à voir chaque petit être évoluer, les moments uniques passés avec chacun, ma grande fierté d'avoir eu de si beaux cadeaux du ciel et tout simplement le bonheur et la joie d'être ensemble.»

Thérèse, une Grand-Mi comblée et heureuse

Thérèse, 67 ans, aide médicale retraitée, est mère de 2 enfants et grand-mère de 6 petits-enfants âgés entre 6 et 18 ans; voici son témoignage.

« Lorsque j'ai appris que je serais grand-mère pour la première fois, j'avais 48 ans et je me suis sentie très proche de ma fille. J'ai vécu une grande joie chaque fois qu'il y avait un nouveau bébé dans la famille. J'ai modifié la planification de ma vie car j'ai voulu me rendre disponible pour aider les nouveaux parents et aussi pour me gâter... Un bébé, ça grandit vite ! Ma première petite-fille est maintenant âgée de 18 ans et elle est très proche de moi. Je prends un réel plaisir à passer de bons moments avec chacun d'eux et je considère ces occasions comme des privilèges qu'on m'accorde. Cela établit des liens solides avec eux.

« Comme grand-mère, j'essaie d'être très ouverte et à l'écoute. Si mes petits-enfants ont des problèmes, je les laisse en parler et, souvent, ils trouvent les solutions d'eux-mêmes. Je m'intéresse aussi à leurs activités : cours, lecture, musique, sports, amis.

« Pour moi, la différence entre une grand-mère et un grand-père, c'est comme la différence entre une mère et un père. Une grand-mère agit avec son cœur, alors que le grand-père est plus rationnel. Pour moi, la fibre maternelle augmente quand on devient grand-mère comparativement au grand-père où la fibre paternelle demeure telle quelle, ni plus ni moins ! Mon conjoint est aussi très présent dans son rôle de grand-papa. Ce qu'il aime le plus, c'est d'aller faire du vélo avec eux. L'été, il aime bien, quand la température s'y prête, manger à l'extérieur et leur faire des petits menus fort appréciés des jeunes : des hamburgers ou des hot dogs sur le barbecue. Mon époux a enseigné les mathématiques et il est souvent sollicité par ses petits-enfants à ce sujet, pour parfaire les explications reçues à l'école.

« Lorsqu'on est grands-parents, on n'a pas la même responsabilité face aux petits-enfants que lorsque nous étions parents. Cet été, j'ai vécu une expérience au cours de laquelle j'ai repris le rôle de mère auprès de ma petite-fille de 18 ans. Pour des raisons pratiques (travail d'été), elle a habité chez moi durant trois mois. J'ai beaucoup aimé, mais son grand-père a trouvé difficile de lui imposer des règles de vie, à savoir les heures de sortie et de rentrée, du coucher, les visites d'amis, etc. Disons que j'étais un peu plus souple que le grand-papa.

«En tant que grand-mère, mon rôle auprès de mes enfants est d'être là quand ils ont besoin de moi, sans toutefois m'imposer. Je n'ai pas à faire de commentaires auprès de mes enfants dans leur rôle de parents, car ils sont bons. C'est certain que je n'agirais pas comme eux dans certaines situations, mais ils sont les parents et je ne m'en mêle pas, à moins qu'on ne me le demande. En bout de ligne, c'est le résultat qui compte.

«Mes parents ont été de très bons grands-parents et ils se mêlaient de leurs affaires, c'est pourquoi je fais comme eux. J'ai été à la bonne école! Ils étaient là lorsque j'en avais besoin, ils étaient aimants et accessibles pour leurs petits-enfants.

«Lorsque je compare l'époque actuelle et celle où j'étais moi-même parent, je constate que les enfants sont maintenant beaucoup plus influencés par Internet, par les jeux électroniques, par la télévision, par la drogue et par l'alcool. Beaucoup de jeunes n'ont à peu près pas de balises et les parents sont absents. Il y a beaucoup plus de familles dysfonctionnelles. Comment expliquer aux enfants les règles de vie qu'ils reçoivent au foyer quand le petit voisin n'a pas d'encadrement? À mon avis, ça prend beaucoup de doigté et de diplomatie de la part des parents actuels pour arriver à inculquer à leurs enfants une bonne éducation. L'amour, la communication et le respect mutuel demeurent, à mon avis, les règles de base entre les parents et les enfants.

«Un de mes petits-enfants a porté un appareil orthodontique pendant deux ans pour élargir son palais. Après un arrêt de trois ans, il en a fallu un autre pour replacer sa dentition pendant deux ans et demi. Ces appareils sophistiqués me rebutaient (moralement, il va sans dire !), mais je faisais attention pour n'en rien laisser paraître. Lorsque ma petite-fille venait coucher à la maison, je l'aidais à installer son appareil qu'elle devait porter la nuit. Je trouvais ça difficile. Aujourd'hui, elle est bien récompensée car elle a le plus beau des sourires, en plus d'avoir eu toute une expérience de vie !

« Le plus jeune de mes petits-fils a failli mourir d'une pneumonie alors que j'étais en voyage et je ne l'ai appris qu'à mon retour. Il avait été hospitalisé aux soins intensifs et avait eu son congé de l'hôpital la journée de mon arrivée au pays... Quelle nouvelle ! L'année suivante, je ne voulais pas partir, j'étais encore sous le choc. Mais j'ai compris qu'on m'avait caché son état de santé pour ne pas écourter mon voyage et que, de toute façon, ça n'aurait rien changé. Maintenant, chaque fois que je pars, je suis un peu inquiète, mais je pars quand même.

« Je veux que mes petits-enfants gardent de moi le souvenir de plusieurs petits moments privilégiés que nous aurons vécus ensemble. Chez moi, mes petits-enfants ont leur chambre ; tour à tour, ils peuvent venir passer un soir ou deux. J'en profite pour faire des activités avec eux: on cuisine ensemble, l'été on se baigne, on va au cinéma, on fait de l'aquarelle, on regarde une émission ensemble en mangeant une petite collation, on joue à la cachette, etc. Parfois même, on fait du ménage et ils aiment cela ! Je veux qu'ils se souviennent de ces petits bonheurs simples toute leur vie ! Qu'ils se souviennent qu'ils étaient les bienvenus chez Grand-Mi, c'est le petit nom qu'ils me donnent. J'aime beaucoup mes petits-enfants et ils me le rendent bien... »

Lise: une bonne transition pour la retraite

Lise, 53 ans, est technicienne en administration à la retraite, mère d'une fille de 26 ans et grand-mère d'un petit garçon de un an; voici son témoignage.

« Lorsque j'ai appris que je serais grand-mère, je me suis sentie très heureuse pour ma fille qui connaîtrait ce grand bonheur d'avoir un enfant. Je ne pouvais penser aimer autant ce petit-enfant... Tout de suite, j'ai senti qu'il y aurait quelque chose de spécial entre lui et moi alors que mon mari, qui l'aime beaucoup, a hâte de pouvoir l'amener avec lui lorsqu'il aura deux ou trois ans. La relation est vraiment différente.

« Mon rôle auprès de ma fille est de l'appuyer le plus possible, de lui donner du temps au besoin, comme m'occuper du bébé une fin de semaine de temps en temps, et de lui donner confiance en elle en la rassurant, l'écoutant... Pour ce qui est de mes commentaires auprès d'elle dans son rôle de mère, je peux lui dire à peu près ce que je veux, mais je commence souvent ma phrase ainsi: « Tu peux faire ce que tu veux, mais moi... » Comme il est arrivé que mon père juge ma façon d'éduquer ma fille, j'essaie plutôt de respecter la façon de faire de la mienne en tant que mère. J'aurais aussi aimé que mes parents aient plus de temps pour m'aider lorsque j'étais mère, mais c'était impossible à cette époque et je pense que c'était moins courant que présentement.

« Lorsque je compare les parents de l'époque actuelle et celle où j'étais moi-même parent, je constate que ça n'a pas beaucoup changé, du moins pour ma fille. Je sens qu'elle veut transmettre de bonnes valeurs à son fils. Cependant, elle est plus informée par Internet, peut-être un peu trop quelquefois, surtout en ce qui concerne la santé du bébé. Aussi, le papa est plus présent, l'approche est différente.

«Je vois la différence entre être parent et être grand-mère en ce qui concerne le temps. J'ai plus de temps (étant retraitée depuis quelques mois) pour amuser le bébé, pour lui apprendre des choses. Je suis plus patiente avec mon petit-fils que je ne l'étais avec ma fille.

«J'aimerais que mon petit-fils garde de moi l'image d'une grand-maman aimante, souriante et amusante, avec de bonnes valeurs, qu'il se rappelle que j'ai été toujours présente pour lui, pour l'écouter, lui donner des conseils et, éventuellement, le respecter dans ses choix de vie.

«Comme mon petit-fils est né le 24 mars et que j'ai pris ma retraite le 11 avril, l'arrivée de ce petit être a été le plus beau cadeau de retraite ! Quelle joie de passer des journées avec lui et de le voir évoluer, il change tellement vite ! »

Chapitre 8

Laissons les petits-enfants rendre hommage aux grands-parents

Laure, 7 ans

«Le soleil se réveille, les oiseaux chantent, les grenouille coassent. Mais ce n'est pas de la nature que je vais vous parler. C'est de mes grands-parents. Je vais commencer par mes grands-parents de Québec. Mon grand-papa François est handicapé et il nous taquine souvent, je l'adore! Il nous donne souvent des dollars. Ma grand-maman Nicole cuisine de très bons repas comme son macaroni à la viande et sa délicieuse soupe poulet et nouilles. Je l'adore! Maintenant, je vais parler de mes grands-parents de Montréal. Je me baigne dans un lac avec ma grand-maman Denise et elle me laisse jouer à son piano. Mon grand-papa Robert nous prend dans ses bras, ma sœur et moi, et nous fait toucher au plafond. Ils nous apportent souvent des cadeaux. Je les adore tous!»

Saphia, 4 ans

«J'aime dormir chez ma grand-maman et déjeuner chez elle, faire de la pâtisserie avec elle. Avec mon grand-papa, j'aime quand il nous donne des suçons. Avec mes autres grand-papa et grand-maman, j'aime qu'ils me fassent toucher au plafond, me baigner dans leur piscine et quand ils nous racontent des histoires. Je vous aime et je veux vous donner un gros "colleu"!»

Alexandra

« Mes grands-parents maternels ont toujours occupé une place très importante dans ma vie. Ils ont pris beaucoup de plaisir à me garder et à jouer avec moi lorsque j'étais petite. Je me souviens qu'ils s'agenouillaient pour parler dans mon téléphone rose et jaune ou pour consoler ma poupée Bout d'chou. Je vois encore mon grand-père placer ses index chaque côté de son front en guise de cornes et s'avancer vers moi avec un sourire en coin... Je n'ai jamais autant pleuré qu'à son décès, il y a maintenant cinq ans.

« Mes grands-parents m'ont toujours encouragée à donner le meilleur de moi-même dans tout ce que j'entreprends et, surtout, à l'école. Ils ont un jour fait le souhait que je trouve un métier qui me rendrait heureuse et qui me permettrait de m'épanouir. Aujourd'hui, alors que la fin de mes études approche à grands pas, je vois la fierté dans les yeux de ma grand-mère et je remercie mon grand-père qui, je le sais, m'a aidée à y arriver.

« J'ai encore beaucoup de plaisir avec ma grand-mère, que j'adore et pour qui je souhaite tout ce qu'il y a de mieux ; elle le mérite tellement. Et elle impressionne, Fleur-Ange ! Connaissez-vous ne serait-ce qu'une femme de cet âge qui s'occupe des messes de l'immeuble où elle vit, qui tricote des bonnets pour bébé qu'elle donne aux hôpitaux, qui s'occupe de sa voisine et fait seule ses courses, qui fait son sudoku chaque matin et qui, en plus de tout ça, apprivoise comme une championne son nouvel ordinateur?

«Grand-papa, pour tout ce que tu as fait dans ta vie, tu es toujours mon héros.

«Ma petite grand-maman, merci pour tout ce que tu fais pour moi. Tu es une femme formidable!»

Laetitia Richard, 10 ans

«À ma merveilleuse mamie!
Elle est toujours là quand on en a besoin.
J'aime aussi quand on joue aux cartes ensemble.
Ma mamie est la meilleure mamie du monde.
Merci, mamie!»

Samuel Blanchette, 21 ans

«La relation que j'ai avec mes grands-parents maternels m'a toujours fasciné étant donné que nous n'avons aucun lien de sang, ma mère ayant été adoptée. Il est de plus difficile d'évoquer un moment singulier, si ce n'est des longs et paisibles étés de mon enfance et de mon adolescence passés en leur compagnie sur la ferme familiale. Si aimer quelqu'un peut prendre plusieurs couleurs, j'ai l'impression que cela est d'autant plus vrai lorsqu'il s'agit de l'affection que je leur porte. Depuis les rires coquins de mon enfance jusqu'aux premiers choix de ma vie adulte, ils assurent une tranquille présence. Celle-ci ne fait pas simplement refléter ma joie tel un miroir clair, mais elle agit tel un prisme de couleurs me permettant de voir toutes les possibilités en moi. Profitant jadis de l'innocence de mon enfance, maintenant avec la conscience du temps qui passe, j'essaie de demeurer véritable et réaliste devant l'inévitable. Alors je tâche de chérir le présent avant que celui-ci soit physiquement diminué de deux êtres, mais exponentiellement riche de l'expérience qu'ils m'auront transmise. Tisser un lien solide demande davantage que du filage, cela demande du temps. J'ai la chance d'avoir les deux ! »

Robert-Marc et Émilie

« Il sera impossible d'égaler le verbe de notre grand-papa Sylvestre et de faire couler les mots et les phrases comme il réussit si bien. Nous espérons, par contre, réussir à mettre un peu l'énergie et le sourire de Mamie dans ces quelques lignes. Enfin, quelques lignes, c'est très peu pour décrire qui sont nos grands-parents et ce qu'ils représentent pour nous. Nos grands-parents Sylvestre sont des gens extraordinaires qu'on aime beaucoup. Quel privilège nous avons d'avoir des gens doux, respectueux et chaleureux comme eux dans nos vies ! On ressent et on sait que mamie et grand-papa nous aiment pour qui nous sommes et n'essaient surtout pas de dicter nos chemins. Ils nous inspirent. Ils sont des gens du monde qui ont fait des voyages qui font rêver, qui nous font rêver. Ce sont des gens qui ont bâti leur vie. Au quotidien, ce sont des gens qui nous chouchoutent avec des petits plaisirs (un sucre à la crème, un gâteau, un repas...). Mamie et grand-papa, merci. On vous aime ! »

Loïk, 7 ans

« Quand je pense à grand-papa, j'imagine sa petite ferme, les chevaux, le chien, les poules et le petit lac. J'aime aider mon grand-papa et être avec lui sur son tracteur. Il est gentil.

Ma grand-maman aussi est gentille. Elle fait de bons desserts comme des tartes aux pommes et des crêpes. Elle fait aussi des quiches. J'aime cuisiner avec elle. »

Tiago, 11 ans

« Grand-papa est un gars qui travaille beaucoup à la ferme. Quelquefois il est drôle quand il fait des petites blagues. J'aime jouer aux soldats et faire du tir à l'arc avec lui. Il est gentil et il me donne de bons conseils.

« J'aime la cuisine de grand-maman. J'aime faire du cheval et brosser les chevaux avec elle, mais je leur donne à manger avec grand-papa. C'est une personne de bonne humeur qui nous encourage à lire. »

Marie-Lou Archambault, 12 ans

« Ce que j'aime le plus de mes grands-parents, c'est le sens de l'humour de mon grand-papa, la gentillesse, la douceur et le talent de cuisinière de ma grand-maman !

« J'aime que mes grands-parents disent que je grandis et que je suis une bonne petite-fille. J'aime aussi lorsqu'ils font des plans pour qu'on se voie et quand ma grand-maman fait des bons soupers !

« Mes meilleurs souvenir avec mes grands-parents, c'est quand j'allais à la roulotte avec eux, nous allions toujours nous baigner dans le lac et il y avait une glissade. C'est aussi quand mon grand-papa nous racontait des histoires de Walt Disney avant qu'on aille se coucher.

« Si je deviens grand-mère à mon tour, je vais dire à mes petits-enfants "Soyez sages", tout comme mes grands-parents le font avec moi parce que je trouve ça drôle ! Tous les grands-parents disent ça à leurs petits-enfants, comme si on n'était jamais sages ! »

Kim, 12 ans

« Voici pourquoi j'aime beaucoup mes grands-parents.

« Mes grands-parents maternels sont extraordinaires, on ne peut pas trouver mieux. Sans eux, je ne sais pas qu'est-ce que je ferais parce qu'ils font plein de choses pour moi, par exemple ils m'ont amenée au zoo de Granby avec ma cousine. J'ai beaucoup aimé ça, car c'était le premier voyage avec mes grands-parents et ma cousine. Ils sont toujours là pour mes parents, mon frère et moi. Ma grand-mère et moi avons une très bonne complicité car lorsque quelque chose me dérange ou que j'ai de la peine, elle est toujours là pour moi.

« Ma grand-mère paternelle m'a aidée à traverser ma confirmation et tout ce qui est religieux. Elle est toujours là pour moi, elle vient me chercher à l'école quand il y a quelque chose qui ne va pas et que mes parents ne peuvent pas venir me chercher.

« Mes grands-parents sont vraiment énergiques, car ma grand-mère maternelle marche plusieurs fois par jour même s'il pleut. Mon grand-père fait du vélo l'été et ma grand-maman paternelle fait plusieurs voyages.

« Finalement, je ne peux pas me passer de mes grands-parents, car ils seront toujours dans ma vie ! »

Marie-Josée Pellan

« Chère grand-maman (Berthe Paradis),

« Comme je voudrais te dire à quel point tu as été importante pour moi. Je le réalise encore plus depuis que tu es partie car les souvenirs ne cessent de ressurgir à tout moment. Tu as été plus importante que je ne me l'étais imaginé, à un point tel que j'aime me remémorer tous les beaux moments passés ensemble.

«J'aime me souvenir ne serait-ce que de tes mains de magicienne qui nous ont tant appris et donné. Chaque fois que nous arrivions de Montréal, un succulent repas nous attendait, des recettes que seule toi pouvais nous concocter: des potages onctueux aux délicieuses croquettes de poisson maison, de la salade sucrée au ketchup de betteraves jusqu'aux fameux babas au rhum très spongieux.

«Je ne sais toujours pas comment tu faisais pour trouver toutes tes idées mais, dans tous les cas, avec toi, peu importe l'endroit où l'on se trouvait, on ne s'ennuyait jamais.

«Tu pouvais utiliser tes mains de fée pour nous occuper agréablement. Tu avais tant d'activités auxquelles nous initier: du crochet au tricot, de la couture au cuir travaillé, des fleurs séchées jusqu'à la confection de piñatas. Rien n'était à ton épreuve! Sans compter tous les jeux auxquels nous avons joué: le rami, les innombrables jeux de cartes, le mille, le jeu de l'horloge, la petite école, pour ne nommer que ceux-là!

«Je n'ai jamais su non plus comment tu faisais mais, par ton visage et par ton fameux sourire, je te voyais venir! Tu avais une de ces manies de te plisser les yeux, de sortir discrètement la langue et de taper dans tes mains simultanément, ce qui te donnait un petit air coquin qui nous annonçait qu'encore une fois tu avais réussi à nous déjouer et à remporter la partie.

«Il t'arrivait aussi de garder ce petit côté espiègle et de t'amuser à nous montrer ta fameuse petite araignée dédaigneuse cachée dans un tiroir de la commode d'une des chambres, ce qui nous empêchait presque d'y rentrer. Tu devais bien rigoler de nous voir tant hésiter.

«Je me rappelle le doux son de ta voix qui, plusieurs fois, a su nous apaiser le temps d'une chanson ou d'une histoire.

« Avec toi, j'ai tellement appris à faire de choses qui, je sais, me serviront à me divertir dans mes moments de loisirs. Mais je crois que la plus belle leçon que tu m'aies apportée, c'est l'amour inconditionnel, l'importance que tu as su accorder à chacun d'entre nous. Nul ne peut prétendre ne pas s'être senti important à tes yeux, et ce, jusqu'à ton dernier souffle. Tu nous as tous permis, malgré la souffrance, de te dire un dernier mot pour une dernière fois avant de nous quitter.

« Par ton amour, tu nous as fait grandir et tu nous as aussi contaminés. Je crois maintenant qu'il est temps pour toi, comme tu nous le fredonnais si souvent dans une de mes berceuses favorites, de *fermer tes jolis yeux*... car tu nous as bien éduqués, bien contaminés. Nous avons tous les outils nécessaires pour poursuivre notre vie avec les belles valeurs que tu nous as transmises.

« En tout cas, moi, je suis fière de faire partie de cette famille qu'est la nôtre et j'ai la forte intention de continuer dans cette lignée. Je t'aime, grand-maman, et à partir de maintenant je parlerai au présent car je saurai que tu es là à tout instant pour me rappeler comment tout le monde est important et vaut la peine d'y prendre le temps.

« Merci, grand-maman, et à bientôt ! »

Sébastien Dufresne

« En date du 2 janvier 1958, vous, chers parents, grands-parents et arrière-grands-parents, avez entamé le plus grand périple de votre vie. Vous avez levé l'ancre, quittant ainsi le port familial de votre jeune temps pour naviguer sur les hautes mers de l'amour. Déjà, lors de votre premier départ sur l'océan, ceux qui étaient restés sur le port admiraient votre navire, enviaient le mouvement de vos voiles et convoitaient la force de votre affection.

« Guidés par l'astre polaire, vous avez parcouru les sept mers, les quatre océans et de nombreux lacs sans jamais dévier de votre chemin béni par Dieu. Vous avez survécu aux pires tempêtes qui, parfois, se sont faites cruelles et sans pitié. Dans l'œil de l'orage, vous saviez que le beau temps reviendrait, même si parfois les îles désertes perdues au cœur de l'horizon semblaient alléchantes. Vous avez résisté, sachant que la vie devait continuer.

« Aujourd'hui, après une croisière de 50 ans, le navire ayant quitté la marina est enfin de retour au quai pour une brève escale. Sur la passerelle, bien qu'au départ il n'y eût que deux capitaines, 24 matelots y prennent maintenant place. Après un demi-siècle d'amour, il y a toujours dans vos yeux cette étincelle des premiers "je t'aime"...

« Vous êtes et serez toujours nos modèles de vie. »

Louis Lafond

« Éloge à Emma Lafond (Tremblay) et à Wilfrid Tremblay.

« Quatre-vingt-dix-sept années de bonheurs, de chagrins et d'événements de toutes sortes ont marqué la vie d'Emma, presque un siècle. Imaginez tous les changements qu'elle a vécus. Au moment de sa naissance en 1906, on venait à peine d'inventer le téléphone ; la semaine passée, le robot Spirit nous faisait parvenir, en direct, des photos couleurs de la planète Mars !

« Vous avez pu voir dans le journal la longue liste de ses 14 enfants, de ses 47 petits-enfants, de ses 78 arrière-petits-enfants et de ses 3 arrière-arrière-petits-enfants. Vous savez, cette progéniture, c'est peut-être pas un record Guinness, mais c'est une maudite belle contribution à la natalité du Québec et à ce qu'on a appelé la revanche des berceaux !

« À une période où les hommes étaient dans le bois ou sur la terre, rarement à la maison, c'était pas évident d'élever 14 enfants sur une terre où, comme on dit, les roches poussent plus vite que les carottes. Cependant, c'est de cette époque, de son dur travail sur cette terre, entourée de ses enfants, de ceux qu'elle aimait, qu'elle était la plus fière. Elle disait que ça avait été "le bon vieux temps", la plus belle période de sa vie. À preuve que travailler fort ça ne fait pas mourir, du moins ça fait pas mourir jeune !

« Il en fallait du caractère pour garder le contrôle sur toute cette marmaille. Elle avait de l'autorité ! Le grand-père, qui lisait son journal au bout du poêle, dans la petite cuisine, ne levait les yeux que quand ça brassait un peu trop fort. Mais elle n'abusait pas de cette autorité. Elle était droite et juste avec chacun.

« Emma avait un tempérament fort. C'est drôle à dire, mais si elle avait été élevée à notre époque, elle aurait été probablement une "femme meneuse d'hommes". Elle aussi aurait pu être *jobber* ou *foreman* pour la Domtar. C'était une femme déterminée, une fonceuse. Avec elle, ça niaisait pas. Tout le monde sait comment elle marchait vite.

« Emma était une femme généreuse de son temps, une débrouillarde. Malgré parfois les maigres ressources de la famille, tous mangeaient à leur faim. Qu'ils soient passants, amis des enfants ou invités, tous étaient bienvenus à la grande table de la cuisine. Même après la mort d'Alphonse, mon grand-père, en 1963, elle a courageusement continué de soutenir, d'aider et de marier les enfants qui restaient jusqu'à ce qu'ils quittent la maison, comme elle l'avait fait pour les autres.

« Emma était aussi une femme d'entraide ; elle savait rendre service. Elle me disait, il n'y a pas encore longtemps, comment elle avait accompagné le docteur et de nombreuses femmes lors d'accouchements ; c'était une sage-femme avant son temps. On m'a même dit qu'elle avait aussi préparé des morts pour leur dernier voyage parce qu'à cette époque c'est dans les maisons qu'on exposait les morts. Personnellement, la mort de Laurent, son fils de 20 ans, en 1957, l'avait beaucoup affectée. Elle en parlait souvent.

« La plus grande leçon de vie qu'elle a pu transmettre à ses enfants, c'est cet amour. Au cours des dernières semaines, ils étaient tous là, ses 11 enfants, solidaires, pour la soutenir dans sa douleur, dans son désarroi face à la mort, pour l'accompagner dans ce dernier bout de chemin si difficile. Cet amour qu'elle avait tant prodigué aux autres, ils le lui rendaient maintenant.

« Comme elle me le disait personnellement, quelques semaines avant sa mort : "Je suis fatiguée, je veux du secours, je cherche mon repos, je cherche mon repos."

« Eh bien, grand-maman, tu l'as maintenant trouvé ton repos. Et c'est un repos bien mérité !

« Wilfrid, 91 ans, laisse derrière lui de nombreux descendants de son union de 40 merveilleuses années : une famille de 9 enfants qui s'est établie sur deux générations, 19 petits-enfants et 14 arrière-petits-enfants. Peu de petits-enfants ont la chance et le privilège de côtoyer un arrière-grand-père.

« Le travail ne lui a jamais fait peur. Homme d'affaires averti, tout le monde sait que Wilfrid connaissait la couleur de l'argent et que même s'il n'avait qu'une troisième année, il savait compter. Homme aux multiples métiers, nous ne pouvons pas dire qu'il avait une spécialisation ; par contre, sa polyvalence, son ardeur au travail et son acharnement compensaient largement.

« Son emploi de *jobber* qu'il accomplissait de main de maître était partagé entre la supervision du travail de la coupe du bois, de la drave et la fonction de cuisinier. C'est là qu'il a appris à faire ses pâtés à la viande, c'est là qu'on voyait son côté économe, plus de patates que de viande.

«À la maison, il aimait bien faire quelques travaux de rénovation. Hélène avait quelquefois hâte que ça arrête. Combien de fois il a changé de position l'escalier menant au deuxième; il ne fallait pas qu'il soit inactif.

«Il a investi en acquérant plusieurs terrains à Saint-Adolphe et à Stoneham. Une partie de la terre où fut aménagée la station de ski Stoneham était sa propriété ainsi que celle de son frère Wellie.

«Chaque homme a ses passions et une de celles de Wilfrid était les chevaux. Il avait régulièrement plus d'une vingtaine de chevaux qui servaient au travail sur les chantiers. C'était un homme fier qui aimait les autos neuves qu'il changeait régulièrement. Quand arrivait la fièvre du printemps, il partait à Québec pour s'acheter soit un gros Buick, un Oldsmobile ou un Dodge. Il a conduit jusqu'à l'âge vénérable de 88 ans. Il a trouvé difficile le fait de n'avoir plus de véhicule, car il perdait une partie de son autonomie.

«En 1978, Wilfrid a eu la tristesse de perdre son épouse Hélène. Il avait 65 ans, était au début de sa retraite, et plein de projets auraient pu s'annoncer pour les deux. Ce n'était pas un homme à rester seul. Il a eu le bonheur de rencontrer et d'épouser une autre perle, Claire. Elle aussi a su être aux petits soins avec lui. Ils ont partagé d'agréables moments. Ensemble, ils ont fait de beaux projets. Pendant 10 ans, Wilfrid, comme bien d'autres *snow birds*, partait avec son petit campeur passer ses hivers en Floride. Il a fait ce rituel jusqu'à 78 ans.

«Comme le reste de sa vie, sa période d'âge d'or a aussi été très active. Il faisait toujours partie de trois à quatre clubs de l'âge d'or, une fin de semaine c'était une soirée dansante, et l'autre une partie de cartes, un tournoi de poches ou une partie de sucre. Même à la fin de son existence, diminué par la maladie, il se faisait un devoir de participer aux activités sociales à sa résidence Aux Jardins du Haut-Saint-Laurent. Il ne manquait jamais une occasion de taquiner le personnel infirmier de la résidence, en particulier la gent féminine, ce qui a toujours été sa marque de commerce.

«Il était un excellent conteur. Il pouvait nous faire revivre, comme si nous étions là, les histoires de chantier et de drave. Il pouvait en parler pendant des heures, tant lui que ses auditeurs en retiraient une satisfaction personnelle. Il a su en faire profiter à ses enfants et petits-enfants ainsi qu'au personnel infirmier des résidences où il a habité.

«Grand-papa Wilfrid, tu étais un homme de bois. Les forêts du parc des Laurentides n'avaient pas de secrets pour toi. Il serait plus que normal qu'une montagne ou un lac de ce coin de pays porte ton nom afin de signifier la réalisation des différents projets que tu y as réalisés avec amour et dévouement.

«Tous ceux qui sont ici te remercient et te saluent!»

Conclusion

Lorsqu'on pense au mot « grands-parents », il nous vient des images ou d'autres mots à y associer. Alors, quels sont les mots ou les images qui vous viennent à l'esprit ?

Que les associations de mots ou d'images nous renvoient à nos grands-parents ou à nous en tant que grands-parents, il y a inévitablement une nostalgie qui s'installe. Celle d'un passé, de souvenirs, de quelque chose de vécu qui ne sera plus ou qui finira un jour. Je crois que pour rendre ce sentiment plus agréable, nous avons la possibilité de nous tourner vers l'avenir, celui des petits-enfants, de la transmission et d'une continuité de la vie. C'est peut-être le moment pour vous, ou encore pour vos parents devenus des arrière-grands-parents, de rendre l'histoire de votre famille consciente et accessible. Que ce soit par écrit, sous forme de photos ou d'enregistrements, la transmission sera faite et vous aurez légué une part importante à vos successeurs : votre histoire qui précède la leur !

Mon travail de psychologue m'amène à rencontrer toutes sortes de situations, certaines plus simples, concrètes et de courte durée que d'autres, mais il m'amène également à comprendre les gens dans leur vécu et à donner un sens à leurs souffrances. Pour ce faire, ils doivent régulièrement faire des liens entre ce qu'ils vivent et ce que leurs parents et leurs grands-parents ont vécu. La difficulté et le manque sont encore plus grands lorsque l'histoire familiale est inconnue. La vie n'est pas un roman à l'eau de rose où tout est beau et finit bien ; elle est plutôt parsemée de difficultés, d'embûches, de souffrances et de traumatismes dans les beaux moments qu'offre la vie. Alors, il est peut-être temps de faire part de votre histoire avec ce qu'elle a d'imparfaite pour transmettre l'expérience et faire en sorte que votre descendance en fasse quelque chose (par exemple, qu'ils ne répètent pas les mêmes erreurs ou qu'ils puissent éliminer des incompréhensions).

D'ailleurs, des études en psychosomatique[29] ont établi des liens entre les secrets de famille, des événements restés cachés, des non-dits et l'apparition de certaines maladies à la deuxième et à la troisième génération. Je n'irai pas plus loin sur ce sujet puisque le cœur de ce livre porte plutôt sur les grands-parents (peut-être un prochain?). Si je vous dis cela, ce n'est que pour vous montrer l'importance que vous avez, chers grands-parents, dans la vie de vos descendants non sur le plan de la perfection, mais sur les plans relationnel et communicationnel, et de ce que vous pouvez transmettre de façon consciente à vos enfants et petits-enfants.

Je vous invite donc à réfléchir, dans certains moments d'incertitude, à la question suivante : « Qu'est-ce que je veux que mes enfants et petits-enfants se souviennent de moi ? »

Sur une note plus humoristique, voici quelques phrases tirées des *Conseils de survie pour les grands-parents*.

- « Il est déconseillé d'affirmer devant les parents : " Vous le pourrissez, cet enfant ! " Mais s'ils vous le reprochent, souriez fièrement et rétorquez : "Oui, et alors?" »

29. Selon *Le Petit Larousse* : études qui concernent à la fois le corps et l'esprit ; se dit d'un trouble organique ou fonctionnel d'origine psychique.

- «Ce qu'il y a de bien (dans le fait d'être grands-parents), c'est que tu peux les rendre (les enfants) à la fin de la journée!»
- «Vous allez être confronté à de pauvres hères clamant haut et fort que leurs petits-enfants sont plus beaux et plus intelligents que les vôtres. Ignorez-les puisqu'ils ont tout faux!»
- «Les petits-enfants passent leur temps à chercher leurs jouets, mais ils sont les premiers à retrouver les croustilles et les biscuits.»
- «Quand les petits-enfants passent la nuit chez vous, couchez-vous tôt! Vous en avez besoin! Vingt heures: ça semble raisonnable!»
- «Si vous offrez un cadeau sans recevoir de merci, surtout ne demandez pas: " Qu'est-ce qu'on dit?" Vous entendrez alors: "Puis-je en avoir un autre?"»
- «Offrir un jouet qui fait du bruit n'est pas faire preuve de franc-jeu avec les parents... mais c'est tellement drôle!»

Alors, mettez de l'humour dans votre quotidien, c'est bon pour le moral et la santé!

Remerciements

Le moment est venu pour moi d'apprécier le travail accompli pour l'ensemble de cet ouvrage avec tous ceux qui ont apporté leur contribution et qui ont fait en sorte qu'il soit ce qu'il est.

Tout d'abord, un merci à tous ces grands-parents qui ont accepté de témoigner de leur vécu: Jean-Marc Chaput, Benoît Clotteau, Louisette Dussault, Michel Lemay, Marie Tifo, Égide Royer, Christiane Grégoire, Lise Montambault, Thérèse, Nicole, Mariette, Denise, M. et Mme Paquet et tous les autres qui ont préféré que leur nom ne soit pas divulgué.

Il y a également les petits-enfants de tous âges qui ont choisi d'écrire quelques lignes pour rendre hommage à leurs grands-parents, de même que mes complices pour avoir accès à ces témoignages. Sans oublier toutes ces personnes qui m'ont mise en contact avec des grands-parents et des petits-enfants; vos écrits furent appréciés.

Un merci particulier à mes trois collègues et amies, Cécile, Ginette et Florine, pour leurs précieux commentaires sur mon écriture.

Je ne pourrais passer sous silence l'élan et les idées que m'a fournis M. Jean-Marc Chaput lors de notre conversation. Il y a également son ami de longue date, qui est par un heureux hasard mon beau-père, qui m'a suggéré de former un groupe de discussion avec des grands-parents. De même que ma belle-mère qui, au moment du lancement de mon premier livre destiné aux parents, m'a lancé: «Ton prochain livre pourrait être pour nous!»

Il y a des raisons conscientes et d'autres inconscientes qui nous poussent à écrire, mais on ne sait pas toujours où la création va nous mener. Eh bien moi, ce fut la venue d'un troisième enfant tant attendu; d'ailleurs, au moment où vous lisez ces lignes, il est né. Écrire sur ce thème m'a également permis de longs échanges avec ma mère sur notre histoire familiale, sur des aspects dont nous n'avions encore jamais discuté. Ça m'a remis en contact avec les souvenirs de ma grand-mère maternelle, Ida, qui fut très significative pour moi et dont j'ai gardé quelques traits de caractère. Je réalise en même temps le manque de ne pas avoir connu mes grands-pères. C'est peut-être pour cette raison que je me suis entourée de grands-pères pour ce livre; leur témoignage me touchait chaque fois.

Pour communiquer avec l'auteure

Page Web : www.nathalieparentpsychologue.com
Courriel : nathalie.parent2@fse.ulaval.ca
Téléphone (bureau) : 418 575-8520

Bibliographie

Adesman, A. (2009). *Babyfacts: The Truth About Your Child's Health From Newborn Through Preschool*, Ontario: John Wiley & Sons.

Aubry, C. et Collilieux, E. (2006). *L'art d'être grand-père*, Paris: P. Horay Éditions.

Aubry, C. et Laroche, C. (2002). *L'art d'être grand-mère*, Paris: P. Horay Éditions.

Brazelton, T. B. (1994). *Points forts*, Paris: Éditions Stock-Laurence Pernoud.

Brett, S. (2008). *Conseils de survie pour grands-parents*, Belgique: Chantecler.

Brillon, M. (2006). *La pensée qui soigne*, Québec: Éditions de l'Homme.

Brunschwig, H. revue *Alliance*, n° 79.

Carquain, S. et Vaillant, M. (2007). *Récits de divan, propos de fauteuil*, Paris: Albin Michel.

Choppy, E. et Lotté-Covo, H. (2006). *Petit manuel à l'usage des grands-parents qui prennent leur rôle à cœur*, Paris: Albin Michel.

Collectif (2005). *Le livre d'or des parents*, Québec: Éditions de l'Hôpital Sainte-Justine.

Collectif, sous la direction de Brigitte Camdessus (1993). *Quand les grands-parents s'en mêlent*, Paris: ESF éditeur.

Devroede, G. (2003). *Ce que les maux de ventre disent de notre passé*, Paris: Éditions Payot & Rivages.

Dodson, F. (2002). *Être grands-parents aujourd'hui*, Paris: Robert Laffont.

Edwards, P. et Sterne, M. J. (2007). *Les nouveaux grands-parents*, Montréal: Éditions de l'Homme.

Ferland, F. (2003). *Grands-parents aujourd'hui. Plaisirs et pièges*, Québec: Éditions de l'Hôpital Sainte-Justine.

Fuchs, M.-F. (2001). *Questions de grands-parents: comment trouver sa place dans la famille et la société d'aujourd'hui*, Paris: La Martinière.

Honoré, C. (2007). *Éloge à la lenteur*, Paris: Marabout.

Honoré, C. (2008). *Manifeste pour une enfance heureuse*, Paris: Marabout.

Lamourère, O. (2007). *La mamie-attitude. Grands-mères: mode d'emploi*, France: Éditions Jouvence.

Lecarme, P. (1999). *Le grand livre des grands-parents*, Tournai: Casterman.

Lemay, M. (2001). *Famille, qu'apportes-tu à l'enfant?*, Québec: Éditions de l'Hôpital Sainte-Justine.

Lessard, V. (2009). *Racines*, Montréal: Éditions La Presse.

Natanson, M. (2007). *Aujourd'hui, les grands-parents*, Paris: De Boeck.

Olivier, P. (2000). *Guide pour être de bons grands-parents*, Paris: De Vecchi.

Parent, N. (2008). *La famille et les parents d'aujourd'hui*, Montréal: Éditions Quebecor.

Rufo, M. (2005). *Détache-moi! Se séparer pour grandir*, Paris: Éditions Anne Carrière.

Segalen, M. (2000). *Enquêter sur la grand-parentalité en France*, Québec: revue *Anthropologie et société*.

Westheimer, R. et Kaplan, S. (2000). *Profession: grands-parents. Le guide pratique des nouvelles relations entre grands-parents et petits-enfants*, Paris: Osma Eyrolles.

Table des matières

Achevé d'imprimer au Canada
sur papier Enviro 100% recyclé
sur les presses de Imprimerie Lebonfon Inc.

certifié | procédé sans chlore | 100 % post-consommation | archives permanentes | énergie biogaz